传奇女书
—— 花蹊君子女九簪『修订版』

赵丽明 著

清华大学出版社
北京

本书封面贴有清华大学出版社防伪标签，无标签者不得销售。

版权所有，侵权必究。举报：010-62782989，beiqinquan@tup.tsinghua.edu.cn。

图书在版编目(CIP)数据

传奇女书：花蹊君子女九簪 / 赵丽明著. — 修订版. — 北京：清华大学出版社，2018（2024.11重印）

ISBN 978-7-302-48263-5

Ⅰ.①传… Ⅱ.①赵… Ⅲ.①女书—研究 Ⅳ.①H123

中国版本图书馆CIP数据核字(2017)第207802号

责任编辑：张立红
装帧设计：陈楠、霍巍
责任校对：刘静婉
责任印制：沈　露

出版发行：清华大学出版社
网　　址：https://www.tup.com.cn, https://www.wqxuetang.com
地　　址：北京清华大学学研大厦A座　　邮　编：100084
社 总 机：010-83470000　　邮　购：010-62786544
投稿与读者服务：010-62776969, c-service@tup.tsinghua.edu.cn
质 量 反 馈：010-62772015, zhiliang@tup.tsinghua.edu.cn

印装者：三河市东方印刷有限公司

经　销：全国新华书店

开　本：170mm×240mm　　印　张：17.5　　字　数：279千字

版　次：2015年1月第1版　2018年10月第2版　印　次：2024年11月第5次印刷

定　价：72.00元

———————————————————————————————

产品编号：076784-01

前言

传奇女书，珍惜女书，享用女书
——写在前面的话

所谓传奇，一定是有"奇"可传，有"奇"值得传，一定有非凡之处，人们闻所未闻，见所未见。人们忍不住去了解她的神奇，满足了自己的好奇心之后，还津津乐道，传给他人，传给后人。

季羡林老先生谦虚地惊叹道：

"我虽然也算是一个研究语言文字的人，而且从事此项工作的时间已经超过半个世纪，然而我却从来没有听说过女书。去年（1990年）赵丽明女士告诉我关于女书的一些情况。我真是大吃一惊，感到闻所未闻，见所未见。宇宙之大，真是无奇不有，而我自己孤陋寡闻的水平也颇可观了。"

所谓传奇女书，就是这样一种值得传给世人、传给后人的奇特文字文化现象。

奇就奇在她是女人的字！奇就奇在她也是一种汉字！奇就奇在她是那样美！

二十世纪八十年代中期，我作为文革后第一批博士生，考取并师从中国历史文献学会会长张舜徽先生。时拜杨潜斋先生研读甲骨文和诗经用韵课程。中国社科院胡厚宣老先生接任郭沫若主编的13大本《甲骨文合集》刚刚出版。华中师大中文系的一套，就放在杨老家里。我和杨老的研究生钟瑛，每周一次登堂入室，学习甲骨文。当我看到女书的第一眼，就被她的硬笔风格吸引（女书书写工具原是棍子笔、锅底灰），莫不是甲骨文之前的一种汉字？

前言

　　一个一个字研究后我发现，女书与甲骨文无关，是汉字楷书后的变体。这个结论也得到我的博士论文《清代说文学史略》答辩委员会主席胡厚宣老师的认可。看着女书字形，品味女书内容，尽管没能填补甲骨文前汉字标本的空白，我还是被女书深深地吸引了！每位女书老人书写风格不同，但都展示了女性的柔美和坚强！端详她就是一种感动、一种享受。

　　二十世纪九十年代初，经关门弟子钱文忠的引荐，我拿着《中国女书集成》书稿，请教季羡林先生。季先生除了激动地说了前面的一段话之外，还深刻地指出女书的奇特之处：

　　"我认为女书实在是中国人民伟大精神的表现。众所周知，在旧社会劳动人民受到压迫，受到剥削，受到歧视。他们被剥夺了学习文化的权利，大量的文盲就由此产生；而旧社会的妇女更是处在被压迫、被剥削、被歧视者的最下层。她们在神权、君权、族权、夫权的四重压迫下，过着奴隶般的生活。哪里还谈得上什么学习呢？她们几乎统统是文盲，连起一个名字的权利都被剥夺，但是她们也是人，并不是牲畜。她们有思想，有感情，能知觉，善辨识。她们也想把这些感情表露出来，把自己的痛苦倾吐出来；但又苦于没有文字的工具，于是就运用自己独特的才识，自己创造文字。宛如一棵被压在大石头下的根苗，曲曲折折，艰苦努力，终于爬了出来，见到了天光，见到了太阳。试想这是多么坚韧不拔的精神，多么伟大的毅力，能不让人们，特别是我们男子汉们敬佩得五体投地吗？这难道不能够惊天地泣鬼神吗？

　　"赵丽明这一位女博士，本身就充分体现这种坚韧不拔的精神。她能冒万难，走僻壤，深入人们罕至的少数民族地区，调查研究，奔走访问，费了几年的时间，终于同几位合作者调查了许多书，明白了其中的奥秘。现在纂成了这一部书，它肯定会对语言文字、社会、宗教、民族等各方面的研究

前言

起促进作用,为我国学术界添上一朵奇花。她这种干劲不是也同样感人至深吗?在敬佩之余写了这一篇短序。"(《中国女书集成》序,清华大学出版社1992年版)

女书虽然默默生长在湘南大山里,却以她的神奇、她的魅力,征服了见到她的人。正如季老所言,女书给人的是一种历史意义的正能量!女书是一种文化权利的抗争,女书主人用自己的文字赢得书写自我的话语权。女书体现了对命运的不屈不挠,坚强与韧性。她给人以启示,女人可以这样活!她给人以智慧,苦日子可以诗化。有了女书,苦海也泛起欢乐的浪花!

2006年,女书被列入国家首批非遗名录之后,江永县提高了对女书的认识和领导力。在国家及各级政府的支持下,修建了女书园,任命、培养了女书传承人。近年来开创了女书生态博物馆,推广了女书旅游事业。女书多次走出国门,为世界所认知。

随着世界文化多样性、非遗保护理念的深入,人们普遍提高了文化自觉、文化自信、文化自强,也给女书的保护传承与健康发展提出更高要求。

传奇是一个集体传承记忆,而不是后人杜撰出来的。文化扶贫、脱贫,非遗可以为今天地方开发旅游提供资源。但前提是充分挖掘、科学整理、准确定位。

目前越来越多的人喜欢女书,热爱女书,传播女书;我们感到很欣慰,谢谢热爱女书的人们!女书市场十分热闹,企业纷争,能人辈出,是件好事,说明女书的影响越来越大;但却有些乱象!

女书许多已经明确的,硬闭着眼睛说不知道;或直接盗用,或剽窃再翻炒。例如女书原产地明明是湖南江永,却有人到湖北三峡另造女书村,到

前言

女书原产地江永"招工"十几个会女书的人移居那里办旅游。事实证明行不通,还害死了人!明明已经有了《中国女书集成》《中国女书合集》《女书用字比较》《女书基本字表》《女书国际编码字符集》,还是有人既不调查,也不学习,依然乱说。

有些人没有基本的学术常识,不懂学术,或别有用心,欺世盗名,自命专家。没有任何根据,主观编造胡说什么,女书是石器时期母系社会的刻画符号,有一万年历史;女书是甲骨文的前身、秦始皇时代的;女书起源于汉代的;女书是什么瑶姬、盘巧创造的;女书是瑶族文字等,五花八门。想搞非遗文创,又怕赔本,急于赚钱。而有些管理者就来一锅粥——"你们各说各的,我们一碗水端平"。貌似公平,其实不明是非,不管黑白。给各种沽名钓誉,借女书捞取政治资本、借女书投机发财的人提供市场。女书这份美丽、善良、与世无争,靠内心的坚强树立东方女性的伟大形象,被搞得乌七八糟,一池浑水!严重玷污了女书,影响了女书跻身世界文化遗产的进程!

女书是曾经饱受苦难的中国劳动妇女留给江永、留给国人的一笔魅力无穷的遗产。女书属于江永,更属于中国,属于世界。

女书还有许多未解之谜,需要进一步调查、挖掘、研究。

保护已有的成果,宣传女书魅力;继续调查研究,解决未解之谜。

女书是中国妇女对人类文明的伟大贡献,让我们珍惜女书,享用女书,传播女书!

赵丽明

目录

目录

目录

第一簪　何为女书　1
什么是女书　2
女书有什么用　8

第二簪　女书溯源　17
女书之乡在哪里　18
女书之乡与世隔绝吗　23
为什么这里有女书　29

第三簪　君子女　35
什么人使用女书　36
君子女对女书的传承　38

第四簪　花儿出嫁了　45
婚嫁三朝书　46

第五簪　歌堂　61
进不了学堂，唱歌堂　62
女书"文房四宝"　66
歌堂里的君子女　68

第六簪　女书与汉字　87
女书的书写与阅读　88
女书基本字与字源考　92
女书音序速查字表　123

第七簪　结老同　133
结交姊妹信　134
歌谣　142
谜语　154
规劝歌　157

第八簪　诗文·传说　163
古诗文　164
传说叙事歌　175

第九簪　从挽歌到交响　211
科学保护　传承女书　212
女书是中国妇女对人类文明的伟大贡献　221
女书是人类文化遗产　232
女书的今天　238

附录一　251

附录二　259

后记　265

是南岭绿洲多元文化培育了女书，是江永潇水两岸的明清聚落滋润着女书，是上江圩农家"君子女"用心灵守望着女书。女书构建了女人的精神王国，也是人类共同的精神家园。

第一簪 何为女书

第一簪

什么是女书
——女书的科学定位

女书是一种女性文字，是目前全世界独一无二的女性专用的奇特文字，堪称世界一绝。这种女性文字主要用于纪事、自诉。女书字符为斜体，呈"多"字形，是方块汉字的一种变异形态。女书是一种单音节音符字的表音文字。基本用字有四五百个，可以完整地记录当地汉语方言土话。在当地流行"一语二文"，男人用男字（方块汉字），女人用女字。这是在充分掌握资料并进行科学研究的基础上，对女书的学术定位。以下，将从五个方面进一步阐述。

1. 女书是民间流行的女性文字，是"三寸金莲"的妇女自然使用的交流工具，女书有其自身内在规律，而非外人规定、再造的。女书虽然是女性的专用文字，但女书是自由、自在、阳光的，并非诡秘文字。"读纸唱扇"等女书活动也是公开的。当地妇女过着"男耕女织、男婚女嫁"的正常生活，也不存在所谓神秘的"女性社会"。

2. 女书是记录当地汉语土话的表音文字。一个字符标记一组同音、近音词。每个人用400~600字（包括异体字），就可以完整地记录当地土话。女书是一种单音节音符字的表音文字。"以少记多"正是女书特点。因此，不能认为女书字不够用，就随意加造新字，甚至编成字典，制造混乱。

何为女书

3. 女书是汉字在流传中的一种变异形态。这就是说，女书是汉字楷书的变体。我们对统计的佚名传世作品中358个女书基本字以及最后女书老人阳焕宜304个女书基本字的逐字考究，发现其字源95%以上来自方块汉字。

4. 女书文献多是七言（少量五言）唱本。内容有自传、书信、民歌、祭祀、纪事、转写、翻译等。反映了地域性社会历史和民间生活，具有历史、民族、民俗、文学、语言文字等学术价值。

5. 女书书写载体主要有纸质布面手抄本、纸片、扇面、布帕、花带，等等。

总之，女书是流传在中国湖南省江永县东北部与道县、江华接壤的潇水流域的农家女专用文字，主要用于倾诉。有大量自传、纪事、民歌、转写作品传世，基本为七言诗（少量五言）。女书字符为斜体，呈"多"字形，是方块汉字的一种变异形态，也是一种单音节音符字的表音文字。

是南岭绿洲多元文化培育了女书，是江永潇水两岸的明清聚落滋润着女书，是上江墟农家"君子女"用心灵守望着女书。女书构建了女人的精神王国，也是人类共同的精神家园。

第一簪

女书经典·三朝书。

何为女书

袖珍女书和女红：绣花鞋、剪纸、针线包、扇面。

第一簪

二十世纪八十年代,去女书之乡,必须过桥、乘船。高银仙儿子常常亲自撑船送赵丽明老师过河。

何为女书

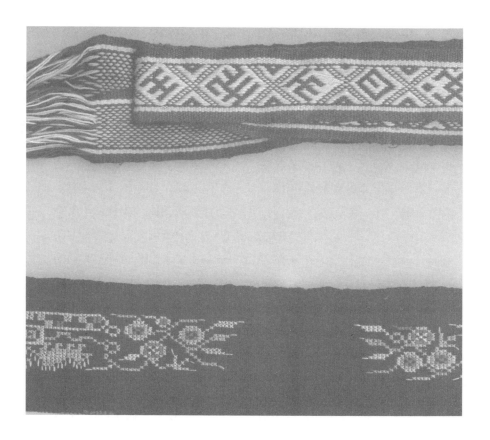

女红花带。

第一簪

女书有什么用
——女书的功能

第一，女书具有交际、凝聚功能，这由文字的自身属性（社会交际工具）所决定，但女书还具有地理封闭性和社群封闭性，仅仅局限于一定地域、一定社区的女性社群内部。女书流通的地区方圆不过百里，女书流通的人群范围只是这个农耕社区成员中的妇女。女书不是全社会的交际工具，而仅仅是地位、命运、情感、追求相同的普通农妇社群的交际工具。正是这些同处社会底层的被压抑的女性的心理趋同、文化趋同，使女书具有很大的凝聚力。女书以它特有的文化力量，把卑微、松散的乡村农妇凝聚在一起，形成以写唱女书为活动内容的社群。这种凝聚力大大增强了女性的自我意识和群体意识，具有十分重要的社会学价值。

第二，女书具有娱乐功能、调适功能。这是作为民间文艺的本质属性。欣赏、娱乐、宣泄、疏导、交流、共鸣、平衡，是人类精神生活的一些基本需求，特别是对于情感细腻的女性。在封建礼教统治的旧制度下，"女子无才便是德""妇，服也。""夫为妻纲""男女授受不亲"等种种清规戒律限定了女人的活动天地只能是家庭，最多是回娘家，走亲戚。这些被排斥在社会政治、经济、文化生活之外的女性没有社会活动、社交自由。然而，"读纸读扇"这种说唱文学形式，作为一种民间文艺，使女性群体得以参与其中，自演互娱，自我欣赏，自我享受，乐在其中。

何为女书

诉苦歌。

第一簪

她们在这里歌古道今,唱人叙事。尽情倾诉悲愤,痛快宣泄不平。在姊妹情义的交流中获得共鸣与理解,在自己创造的美好的精神王国里看到光明。这一独创的天地是女性的自由世界,也只有在这个封闭的同性社会里,女人才享有平等、自由和某种高雅意趣。女书、女歌、女友以及女红构成的女书文化,使妇女们在自我展示、自我肯定中进行社会调适和心理调适。在这种自由交往、自由活动中,清苦、抑郁甚至绝望的情结得以疏导,个体生命达到某种平衡,她们勇敢地面对命运,承受人生,不断追求新的生活。娱乐、调适功能实质上是一种美学力量。

第三,女书具有习俗功能、礼仪功能。女书成为一种制度文化的体现。例如,女书文化独有的贺三朝书,不仅是新娘及女家身价、教养的标志,而且成为当地婚嫁庆典中不可缺少的礼仪活动。礼仪是社会价值观的规范化、程式化、制度化。这种礼俗化的凝固,使女书文化由女性的心灵诉求为全社区的一种需要。这一点十分重要,说明在当地,女书已经被全社会认可,女书的社会价值受到肯定。女书的这种习俗礼仪功能是女书传承的动力之一。

第四,作为"母亲文化"的女性文化,女书具有教化功能、传授功能。这不仅体现在女性社群内,而且还作用于少儿的启蒙教育上。在受教育权被权贵垄断的旧制度下的广大劳动人民,特别是妇女,根本没有受教育的权利。底层劳动人民的社会历史知识、生产生活技能以及道德培养,只能来自长辈的口耳相传、自己的体验以及民间艺术的欣赏。女书作为文字、作为文学,使妇女的聪明才智得以陶冶、升华。女书作品内容的丰富,使得妇女在传习女书文化教育的同时,也传承了知识、道德和伦理。因此,女书还有德育、美育、智育的功效。

何为女书

结婚贺喜。

花蹊君子女九簪

第一簪

第五，作为语言的视觉符号，女书同其他文字一样具有物化功能、存储功能。正是因为有了自己的文字，女歌成为女书，口头文学成为书面文学。女书提高了当地女性文化生活的质量和娱乐欣赏的情趣。"写出女文传四方"，女书老人十分坦然地道出自己的创作动机。她们不愿无声无息地被社会吞没。用女书写成的三朝书、歌扇、歌帕，作为礼物馈赠，甚至终身珍藏。女书老人死后，女书除了留给亲人至友，大多都要陪葬带到阴间去继续受用。女书作为一种特殊的女性文学，以看得见、摸得着的物化形式，记录下女人的命运与抗争，寄托着自己的理想和追求，存储了姊妹之间的情意。

正因为如此，女书有其存在的价值和必要性，数百年来，得以一代代生生不息地流传下来。

2001年，在北京清华大学召开心理学国际研讨会，主持会议的老师打电话告诉我说，晚上有一个专门的女书专题研讨会，有个澳大利亚医生开了个女书诊所，用女书来治病。我觉得很奇怪，澳大利亚的现代人怎么会用山沟里的女书来治病呢？当晚我有研究生的课，上了一节课之后，我便和学生一起去参加研讨会。在近春园，满满的一屋子人，我们都坐在地上。挂的诊所招牌上堂而皇之用繁体汉字写着"女書"二字，医院的名称就是女书诊所。听那个女医生讲完之后我就问她，可以看看女书是什么样吗？她拿出来的竟是英文写的女书！

我觉得挺有意思，我问她女书在哪儿呢？她回答，好像在贵州吧，具体不知道在哪儿。她说自己的女书诊所是1992年开办的，已经有十年了，她居然不知道女书什么样就用来治病了。我拿女书原件实物给她看。她第一次看到女书什么样，兴奋地说：你带我去到那儿看看。后来她来到了湖南江永县

何为女书

真正的女书之乡，亲自拜访了最后一位女书世纪老人阳焕宜。她非常高兴地告诉我，她发现男人也需要女书，男人当老板啊，破产啊，压力也很大，她已经开始试验男书疗法了。然后她说准备在香港开办女书诊所。并问我，你为什么不在清华开一个女书诊所？为什么不在北京开办一个？

她的故事让我很感动，她抓住了女书功能的两点真谛。第一，自我倾诉，自己心里有什么苦都说出来、写出来、唱出来，为自己减压；第二，小组交流，大家在一起各自诉苦，看来不只我一个人苦，她比我还苦，我不是最苦的。这种小组交流，可引起共鸣，相互开导，也是一种调节、一种平衡。

女书作品主要是自传，诉苦歌，每个人都写自传。高手就替别人写自传。有人拿这个来养家的，变成了专业户，用女书来教学或者给别人写传记。女书还有一个重要活动——"结拜姊妹"，这是很自然的，要好的女友在一起，有什么烦心事，一念叨一唱就释然了，所以这里的妇女并没有上吊投河的，尽管河流密布乡间。

因此，女书是人类一个共同的精神家园，谁都需要。只不过你的女书是用汉字写的、英文写的，或者电脑打出来的，或者是"博客""微信"什么的。媒质不一样，符号不一样，但是功能是一样的。现在看来这正是心理治疗的重要方法和基本方式，是人类的普遍需求，所以女书具有人类文化所具有的普遍意义。

第一簪

扇面上的女书。

何为女书

1

2

1. 京城女子精英与江永女书传人结为老同，共话君子女之道。
2. 北京大学唐作藩教授（中）、高明教授（右一）和清华抢救女书SRT同学刘双琴交谈。

人人爱唱女歌,个个擅长女红,家家有女书。

第二簪 女书溯源

第三簪

女书之乡在哪里
——美丽的湘南绿洲

　　从湘桂线永州下了火车南下,乘汽车溯潇水而上,从双牌县的南岭高峰峡谷间摇摆颠簸几小时后,过古道州,经与江华分界的祥林铺,一片豁然开阔的绿洲,便是江永。迎面扑来的青山绿水掩映的村村落落,便是女书之乡。现在,铁路已修到"女书园"。

　　你也可以从桂林经"甲天下"的阳朔逆漓江而北上,沿恭城而过,穿越都庞岭、萌渚岭交界形成的龙虎关口,就进入了江永县南的桃川。

　　江永县位于湖南省南部湘桂边界,东北接壤道县,东南毗邻江华,西北与广西灌阳一山(都庞岭)之隔,西南与广西恭城一关(龙虎关)为阻,南与广西富川一岭(萌渚岭)为界。江永县像一把尖刀插入广西。

　　江永县地貌为盆地式,处五岭怀抱之中。千山万壑,奇峰兀起,溶岩异穴,溪头水源。江永境内大小河流有二百多条,大致以县境中部为分水岭,分东北、西南两向倾流两大水系。县北部的潇水从西北横穿县城,转向东北,经上江墟出县,过道县、双牌县,在永州并入湘江,属长江水系。潇水在江永境内又叫消江、淹水、永明河。县南部的桃水又名沐水,向西南流入广西,与漓江汇合,属珠江水系。

　　女书主要流行在江永县东北部上江墟乡的潇水两岸。

　　多少年来,潇水涓涓,静静地滋润着这片美丽的水乡;多少年来,女书篇篇,默默地慰藉着这里普通农家妇女的心田。

君子女

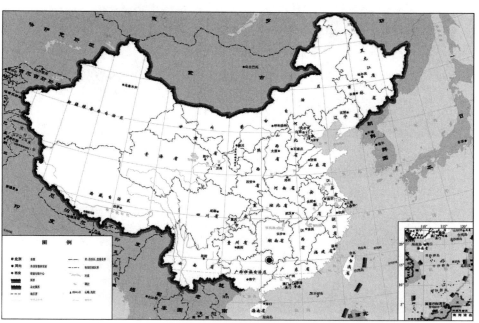

审图号：GS(2008)1354号（略有改动）

女书流行地区示意图。

第三簪

相传发明女书的皇妃娘娘所住的荆田村和环绕村子的潇水。

君子女

女书流行的地区，以上江墟乡（镇）的葛覃、兴福、高家、阳家、夏湾、棠下等村为中心，遍及城关镇的白水、本乡的锦江、朱家湾、浩塘、甫尾、桐口、荆田、呼家、吴家、甘棠、铜山岭的河渊、黄甲岭乡，以及道县的田广洞、立福洞等村。随着姑娘出嫁，东到江华，南到桃川，西到大远（千家峒）、厂子铺，北到道县新车乡、清塘乡，都有女书的踪迹。甚至有的女书文本流落在毗邻的广西富川、钟山等县。

女书中心处潇水之滨，这里地势平坦，村落星罗棋布。这些村落有的相距数里，有的仅一溪之隔。村内里巷严紧，楼舍衔接，青石铺路，四通八达。"楼上女"是这里姑娘们生活的写照。民居大部分是天井式建筑，女孩子住在楼上。正门上面都有个较大的窗口，窗下是妇女做女红[1]的地方。

这里旧时的妇女一般不下田，而且缠足，大多是"三寸金莲"，基本保持了传统的男耕女织的生产生活方式。妇女们常常喜欢聚在一起纺纱织布、剪纸绣花、打花带，这给她们创造了独特的交往条件。这里妇女有结交姊妹"老同"的习俗，要好的姊妹常常一边做女红一边唱女歌，习女书。每年四月初八，本来是男人们的"斗牛节"，女人则在家欢聚"打平伙"，各自带食品钱粮，一起聚餐。男人的斗牛活动早就不搞了，姑娘们的节日却传下来，成了专门的女儿节。此外，正月十五的元宵节、六七月的吹凉节、尝新节等也是姊妹们聚会的节日。她们用女书写结交书，互相邀请慰问，诉说苦乐；或结伴奉上女书向神灵许愿求福。特别是在伙伴出嫁前，姊妹都要来陪伴，多则半个月，少则三天，坐歌堂，唱陪嫁歌等。

制作精美的三朝书，是姑娘出嫁后第三天最珍贵的礼物。三朝书是女书的经典，有统一的规格装潢，三十二开，夹层布面，回字格装订线。三朝书只写三页，剩下的空白页用来夹花样、花线。其他女书作品还有帕子、扇子、纸片等形式。当地称唱读女书为"读纸读扇""唱纸唱扇"。会女书的女人是有教养的"君子女"。

人人爱唱女歌，个个擅长女红，家家有女书。

女歌、女红、女友、女书形成这一带特殊的女书文化。

---

1 女红：旧时女子所做的纺织、缝纫、刺绣等工作和这些工作的成品。

第三簪

阳焕宜说男书在桌子上写,女书在膝盖上写。(阳焕宜在写女书)

君子女

女书之乡与世隔绝吗
——女书之乡是历史的通道

　　江永县,夏商属百越之地,西周属扬越之域,春秋战国属南越西北境。秦设郡县,江永属长沙郡、桂林郡边陲。汉元鼎六年(公元前111年)前后,江永西南部、广西恭城县东北部和富川县西北部为谢沐县,属苍梧郡,以源于江永境内的沐水得名;东北是营浦县,属零陵郡。隋合并为永阳县。唐玄宗天宝元年(公元742年)改永阳县为永明县,以永明岭(都庞岭)得名,县治为今白塔山白塔脚村。所辖地唐代以后变化不大。至1955年,因毗邻的原属江华县的沱江、大路铺、白芒营、桥头铺四个区划归永明县管辖,而改永明县为江永县(1958年、1989年先后将这四个区复归江华瑶族自治县)。

　　相传舜帝臣服三苗,"南巡狩,崩于苍梧之野,葬于江南九嶷,是为零陵"(《史记·五帝本纪》),娥皇女英泪洒斑竹。除了虞舜九嶷之外,这一带的传说还有息壤。"永州龙兴寺东北隅有一地隆然而起,状若鸥吻,色若青石,出地广四步、高一尺五寸。"(康熙《永州府志》)唐代大文学家、政治家、思想家柳宗元在永州著《息壤记》云:"洪水滔天,鲧窃帝之息壤,以湮洪水。帝乃令祝融杀鲧于羽郊。异言不经见,今是土也。"

　　然而真正可据为信史的是地下考古。

　　二十世纪七十年代末以来进行的多次文物普查,发现新石器时期至商周先民生活遗址,仅江永境内就有十多处,如县城西南郊的层岩(当地还相传

第三簪

永州柳子（柳宗元）庙和庙内的古戏台。

君子女

舜南巡曾在此栖息,曾修大舜庙祀之)、西郊的白塔山、潇水上游井边的羊岩山,以及桃水汇合处的桃川所城等地,发掘出大量磨制的石刀、石斧、石锛、石凿等。女书流行中心地带的上江圩甫尾与浩塘两村之间的一处商周遗址,位于面积为六万平方米的一座石灰岩山上,其显而易见的文化堆积层达一米以上,石器有青白色磨制石斧,陶器有夹砂红陶、灰陶器,型为罐等,纹饰有方格纹、菱形纹、复合纹、水波纹等。其他还有圆鼎足、釜口沿、钵等碎片。从永州至双牌的春秋战国墓葬中,出土有铜戈、铜鼎以及楚越文化器物。至于汉墓到处可见,都庞岭东麓的大远、上江圩以及桃川的龙虎关等处,江永境内有二三十个汉墓群。其中出土不少汉代的墓葬砖、兵器、陶器等。1986年笔者亲见上江圩新宅村一座房屋,竟完全是其主人从岭上背下来的汉墓砖砌成的。出土文物还有隋唐及后来宋元明清的陶瓷制品和铁器。铜山岭发现的古代冶炼遗址矿渣中,杂有汉陶残片。据旧县志及《江永解放十周年县志》(油印本)记载,此地还发现过西周铜鼓、铜钟。

二十世纪九十年代,不断从湘南传来震惊世界的考古发现,几经国内外专家鉴定,与江永接壤的道县寿雁乡玉蟾岩新石器遗址洞穴中有四粒一万多年前的稻谷!道县被许多专家誉为"世界稻作文明最早发祥地(之一)"。而这里就是女书流行地区的边缘。笔者在二十世纪八十年代还在当地寻访到几位会女书的暮年老人,她们都是从毗邻的江永上江圩嫁过去的。诸多地下考古发现证明,这一带很早便有先民生息活动。

这里自古就是南北通道,零陵(永州)—双牌—道县—江永—广西恭城、富川—桂林,上通荆楚、吴、蜀、长沙、衡阳,下达粤广、交趾,阻而未塞,险而交通,历来是兵家必争的古战场、戍守边关的军事要塞、征伐的通道。历经战乱迁徙,这里的土著早已流离而不可考。

秦皇汉帝,唐戈宋戟,太平天国,日本铁蹄,都曾涉及此地。

第三簪

"昔始皇遣王翦降百粤,议戍五万人守五岭,其一为都庞。"(《永明县志》)。现都庞岭上有将军峰。汉武帝为征服南越遣路博德、杨朴等分五路出击,其中一路出零陵,下潇水,咸会番禺。元鼎六年(公元前111年)又析桂阳郡,增置零陵郡,以镇边关。1973年长沙马王堆汉墓出土的西汉初年的《舆地图》《军阵图》,正是为抵御南越王而描绘的都庞岭、九嶷山地区,包括江永的深水(潇水)流域军事地图。当时方圆五百里就有九支驻军布防,其战区指挥部即设在今江永东邻,江华瑶族自治县。江永境内留下的诸多汉墓内很可能就是这些军屯者的遗骨。

民间有都庞岭(古舂陵山)山上筷形方竹为刘秀在此行乞遗筷所化等传说。东汉光武帝刘秀是汉武帝分封的永州舂陵侯国刘买(景帝之孙)的第五代孙。旧志记载刘秀为营道舂陵白水村人。

三国时零陵本属荆州,蜀吴相争,这里留下了孔明点将台、张飞岭。唐时柳宗元、元结、阳城等皆来这一带谪治戍关。宋朝时寇准被贬为道州刺史,相传黄巢兵败于江永旧治白塔山下,自刎化石。女书有叙事诗《黄巢杀人八百万》记录了当年黄巢在这一带活动的故事。

江永西南隘口龙虎关,关北为都庞悬崖,关南为萌渚峰峦,中间桃水(沐水)穿关西流入漓江。山势险要,水势湍急。1644年清军入关,南明桂王、吉王、惠王等经龙虎关南逸。也有女书叙事诗《永历皇帝过永明》等作品。

太平天国的部队多次进出永明,在夏层铺等处留下墓碑群。这里至今流传着一首当年洪秀全打永州失败后,转道州、永明二度起家的诗:"十万雄兵过道州,征诛得意月岩游。云横石阵排车马,气壮山河贯斗牛。烽火连天燃落霞,日月纵晖照金瓯。天生好景观不尽,余兴他年再来游。"

君子女

1.太平天国女书铜币（天下妇女，姊妹一家）。 2.君子女们在交谈。

第三簪

月岩在上江墟北二十里的今道县境内，是周敦颐故乡的一处名胜，周敦颐即以家乡之濂溪自号为字。据说这位宋明理学鼻祖就是在月岩读书修学悟道。

今天身临其中，也颇有圣地仙洞之感。而这一带也是女书流行的边缘之地。

女书有《咸丰年间走贼》等作品对这次战乱有生动细致的描述。尤其令人惊喜的是，1993年在南京发现了一枚太平天国铜币，上面竟有女书字"天下妇女，姐妹一家"。据史料记载，当年太平天国曾在这一带扩军数万。很可能就有懂女书的"女兵"也跟着"女营"打到南京，成了高位"女官"。（详见2000年3月2日《人民日报》海外版，以及新编《江永县志》）

1934年8—9月间，中国工农红军红六军团九千余人，从湘赣根据地向湘南方向西征过永明。红一方面军的红五军团、红八军团和红九军团分别从道县、江华进入永明，在县城三天，二十几个村庄宿过营。后从大远翻越都庞岭至广西灌阳。红军曾在县城打开当铺退还原物，打开粮仓分谷给穷人。

1944年9月日寇陷永明，在县城、桃川设两个据点。江永人民纷纷逃往深山。日军所到，烧杀抢掠，无恶不作。至今七十岁以上的老人谈起当时惨景仍痛心疾首。女书作品中有许多哭诉"民国三十三年走日本"等当年日寇侵略、百姓逃难抽壮丁（抽兵）的内容。

生生不息的潇水从江永流到道县，滋养着女书（道县浮桥）。

君子女

为什么这里有女书
——多元文化是女书的沃土

女书本身就是汉字的一种变异形态，是方块汉字的社会女性变体，与汉字汉文化有着天然的血缘关系。但是女书产生之地有着独特的地理环境和复杂的人文背景，是非政策性或非规划性的文字孤岛，与规范性主体文化、主流社会和谐共生、相宜共变。

女书生存的上江墟乡（今改为镇）位于江永县东北部，这里是三省（湖南、广西、广东）、三县（江永、道县、江华）交界的地理边区，是汉瑶混居之地，又是南北文化的交汇之乡。因此这里的文化，是一种地域性文化，而不能简单地冠以汉族、瑶族……女书是多元文化交融的混血儿，是历史合力的产物。这里浓郁的儒家文化、根深蒂固的封建礼教，清晰地告诉人们，这里流行的也是男耕女织、男婚女嫁、男尊女卑的生产生活方式和社会价值观念。女书中几乎没有一首情歌，我们见到的最后一代的女书老人都是"三寸金莲"。

基本借形	（女书符号）
变异造形	母 把 春 吞 在 交 眼 何 流 红 焦 空 合 月 四 世 少 茶 妹 所 难 光 田 天 年 连 点 念 前 听 见 安 五 贤 言 牵 成 正 伶 冷 明 命 归 亏 它 路 子 初 苦 了 礼 住 尽 心 分 取 义 非 声 清 手 丑 早

第三簪

1. 汉字母本符号背景。女书源自方块汉字，是汉字变体，女书字形几乎都可找到所源方块汉字，孤岛文字并不孤独突兀，而是有其依附的母体符号系统。例如：

2. 儒家主流文化的价值观。女书之乡沉淀着两千多年的厚重的中原文化，儒家主流文化奠定了女书文化的基本价值观。

女书所在地湘南江永，旧称永明，多隶属道州（今道县），处永州之野、苍梧之地。夏商属百越之地，西周属扬越之域，春秋战国属南越西北境，秦界长沙郡、桂林郡边陲。自古为楚粤通道，秦皇汉帝、唐才宋将、太平天国、日寇铁蹄都曾涉足此地。1973年长沙马王堆汉墓出土西汉初年的《舆地图》《军阵图》，正是为抵御南越王而绘制的长沙国南境都庞岭、九嶷山、包括江永在内的深水（潇水）流域军事地图。经笔者田野调查，据口碑及家谱记载，江永现在的居民多是从山东、山西、江西、浙江等地任官、当兵或逃难而来的人与当地人联姻的后裔，也有从广西、广东、四川等地流落此地的人。

贬谪戍边，民族迁徙，使中原文化得到传播。贤才名士移风易俗，留下许多政绩佳话。唐时阳城被贬为道州刺史，他上书力罢当地隋朝以来的侏儒贡。白居易专有《道州民》一诗记载此事。柳宗元在这神鬼人巫之地十年间答天问、论封建，肆情于山水之间，留下《永州八记》，点拨岭南学子，永州人引为风范。元结曾两次出任道州府。宋代杰出政治家寇准被贬为道州刺史，至今留有寇公楼遗迹。这里还有道州名儒周敦颐的濂溪理学、何绍基的潇池墨迹。早在唐代，这里就建学官、办县学。宋以后永明又建立了桃溪书院、顾尚书书院、濂溪书院、允山书院等。清末还建了三所高等小学堂及官立师范馆等。这里邑里聚居，楼房瓦舍，到处可见明清乃至更早时期的雕梁画柱、戏台庙堂，使人感到"永（永明）俗朴而好文、俭而尚礼"，是个山青水秀的教化之乡。女书流行地区都是带天井的两层楼的聚居村落，颇具江浙、徽赣一带的民居风格。

君子女

男耕女织、男婚女嫁、男尊女卑是这里的生产生活方式。旧时妇女们一般不下田，常常喜欢聚在一起纺纱织布、剪纸绣花、打花带。妇女大多缠足，是"三寸金莲"，被称作"楼上女"。她们和中国广大妇女一样，儒家礼教是这里的基本价值观。《三字经》《四字女经》《增广贤文》都是唱在口中、写在本上的女书作品。她们崇尚汉字，至今仍常常见到她们把汉字当作图案织进布匹，编进花带。她们严守礼教，女书作品中没有情歌，却有偶尔被男人看了一眼便"两腿一样长（自尽）"的故事，也有因去"瞧郎"被讥讽嘲笑为"奇事""不知羞"，从而被全村人赶走的未婚妻。

3.南方少数民族习俗。浓郁多彩的南方少数民族习俗又赋予了女书特有的灵气。江永处于五岭之中的萌渚岭、都庞岭交汇地带，从而构成三角形地域插入广西。五岭地区被称作"南岭无山不有瑶"。萌渚岭、都庞岭衔接的龙虎关即江永通向广西桂林的南端要塞。江永境内的瑶民除了所谓民瑶（又叫熟瑶、平地瑶）之外，还有高山瑶（又叫过山瑶、盘瑶），即所谓生瑶，清以前不入籍，不服役，不纳粮，刀耕火种，"负山而居，男女挽髻，青衣绿绣，以木皮绊额，系筐伛偻而趋，种粟芋、豆、薯、蜀黍、葅菌以易食。数年此山，数年又别岭，无定居也。"（《永明县志·风土志·瑶俗》）他们至今仍操勉话，主要生活在县西北、西南及与江华瑶族自治县接壤的山区。另外还有清代从宝庆（今邵阳）等地迁来的瑶民，称宝庆瑶。江永各支瑶民有共同的图腾，都崇拜盘瓠，祭祀盘王。他们主要是古荆蛮之后，其祖先最早居住在黄河下游与淮河流域之间，后因战乱等原因不断南迁，"漂洋过海"（过洞庭湖、鄱阳湖等），一部分游居到湘桂粤交界的五岭山区。据县志记载，清道光年间，女书之乡上江墟一带居住的瑶民被赶走。这里至今有着浓厚的瑶族意识和习俗，不少氏族保留着对狗的崇拜，祭盘王，不吃狗肉；斗牛、哭嫁、唱歌堂、不落夫家、打花带、吹芦笙、跳长鼓舞等；寡妇可以改嫁；有不同于汉族的诛鸟节、斗牛节等。笔者曾在目前保留女书文化最多的铜山岭河渊村旁的一座颓败的盘古庙（据当地老人讲过去叫盘王庙）的泥土里找到一块残碑，上面刻有人面狗头图案，与同碑上的汉族人马明显不同。另一块立宅碑上刻着何姓"明万历三年十月十九日吉立"。

这里的妇女较其他地区的汉族妇女有其相对的自由度和宽松的生存环境。在同一村子,凄婉的女书歌和表达火辣辣爱情的瑶族山歌并存。两种文化、两种价值观,泾渭分明,和谐相处。过去这一带的妇女几乎人人爱唱女歌,个个擅长女红。正是这里汉风瑶俗交融的多元文化赐予了女书生存的沃土。

4.鱼米之乡的淳朴文化。偏僻的鱼米之乡,相对富庶的绿洲,造就培育了"深山里的野玫瑰"(周有光语)——女书这一文化奇葩。女书之乡,背靠南岭之阿,栖居潇水两岸,气候宜人,每年可熟三季,历来是容纳四方移民之地。女书作品中没有天灾贫穷的描述,而多见"走贼""走日本"等人祸带来的灾难,以及因疾病失去亲人的悲苦。不愁温饱相对优裕的田园生活,聚居毗邻的水乡山寨,穿针引线切磋女红的闲适生活,为女书的传承提供了丰富的物质文化基础。

当地女性既处在家族宗法制度的最底层,又享受少数民族相对的自由。这种既传统又开放,既保守又自由的民风民俗,对女性世界观的影响很大。她们追求"风流",又毫无半点"非礼"的念头和行为。

资源和习俗为当地人共享,坐歌堂、哭嫁是附近数县普遍的婚嫁文化,结老同、认老庚也流行于当地男人以及女人中间(甚至还有结拜姐弟,家里有事要请老同舅舅裁决);但女人自己的专用文字却是独有的,展示了她们有着强烈的自我意识、群体意识,有着独特的精神追求和话语权觉醒。她们既不同于汉族又不等同于少数民族的特殊的生活方式,使她们承受、享用并创造着双重价值观和多元文化生活。

封闭富庶的水乡是孕育女书的自然条件,浓厚多元的文化是造就女书的历史土壤,而智慧和勇气使女书主人创造了自己的文字,争得了书写自己的话语权,争得了一方展示自我的自由乐土。

君子女

在江永女书生态博物馆前的合影。

千百年来，四方移民长生息，南北民族不断融合，汉人瑶化，瑶人汉化，形成了既有汉风又有瑶俗的独特地方文化。

第三簪　君子女

第三簪

什么人使用女书
——使用女书的族群

女书流传的中心地区，江永县上江墟乡（镇），原土著已无可考，现在的居民有许多是从山西、山东、江西、浙江等地任官当兵或逃难而来的人的后裔，有的是从广西、广东、四川等地流落江永。

女书流行的上江墟乡的几个大姓氏族中，义姓人最多，几乎占全乡人口的一半。居住在上江墟乡的葛覃、甘益、棠下、倒水洞等十几个村庄。义姓源出两支，一支宋时从山东济南府德州平原县来此，其祖义恒于北宋赵匡胤开宝二年（公元969年）来任春陵营道令，后定居葛覃村。《义氏族谱》记载："追宋，始祖恒公从山东济南府平原县于开宝二年岁次己巳为春陵营道令，家居于道州西濂滨（濂溪之滨）。至彦诚公，生子二，长太祥，次太初，俱宗法濂溪，著有《梅轩诗》《恒公墓表》并《冰壶诗易集注》，迄今可考。但余族世系支派实出太祥之后。因弟太初淳熙戊戌（南宋，公元1178年）进士，历任高琼二州，于是乎在家供养以尽子职，致废举业，隐梅轩以诲子弟。一时游其门者甚众，沾其化者亦复不少，皆称为'逸叟先生'。其后，至万钟公徙居江华塘仔湾。未久，转徙永明株木山，卜宅于此，名号葛覃。"

另一支义氏人口很少，今《荆田义氏家谱》"俱未可深考"，仅据义氏文二公第十九代孙有仪在清嘉庆二年（公元1796年）写的序来推算，"自文一、文二、文三公始"于此，当为明初。

欧姓是有据可考的最早定居上江墟乡的居民。据上江墟中学老校舍后面欧姓《重建墓铭碑记》："始祖考欧公念一郎生唐朝开元玄宗八年庚申

君子女

正月十三日午时……始祖妣李氏生于甲子年五月二十四日未时。"白巡村所藏《欧氏族谱》:"予祖遵册谥平阳郡欧公念一郎,原系山东青州府,二十余岁到永明县荆田山岩门前岩坊。"

阳姓一支为唐时从山东青州安乐县迁来。

唐姓祖籍山西太原,唐昭宗时迁零陵,宋真宗时徙永明八都(今大远千家峒瑶族乡),明洪武年间移居夏湾。夏湾藏《唐氏族谱》:"唐昭宗世,讳行旻公由太原迁于湖南永州府。历四代,至真宗时讳伸公由永州迁于永明唐家村。至明洪武间,伸公之十二代孙礼瑞公偕弟礼通、礼达二人由唐家村移居夏湾建宅。"据唐氏族谱记载,"昭宗时,黄巢寇起,行旻团结乡兵保安闾里……行旻力战,城陷死之。"唐伸"二十四岁举进士,踰年膺四川重庆府知府"。

邓姓由河南南阳迁广西全州,后迁江永铜山岭。

桐口村卢姓,宋代从山东兖州府曲阜县迁来。

崤里蒋氏是元时山东青州的败兵逃难于此。

河渊何氏为明洪武年间从山东青州迁来,明代万历三年(公元1575年)在今河渊村立宅,村外盘古庙碑铭文为证。

胡氏宋元时曾在四川任知府,后于明永乐年间至江永。

高姓氏族也是明代来此定居。

可见女书的使用者具有比较复杂的人文历史背景。千百年来,四方移民长期生息,南北民族不断融合,汉人瑶化,瑶人汉化,形成了既有汉风又有瑶俗的地方文化。

第三簪

君子女对女书的传承

女书主人自称"君子女",女书在一代代君子女之间得以传承。所谓君子女,是女书主人特有的自称。她们认为男人称有了文化的为"君子";女人会女书很高雅,也有文化,所以自称"君子女",展现了她们的自尊、自强。女书的传承方式主要有四种。

1. 家传式。家庭女性长辈传晚辈,但不一定母传女。据我们调查,母女相传却少见。如田广洞义娟女是跟母亲学的,但她并没学好,只是会认读却不会写,而她的堂姊义年华却从婶娘那里精通了女书。

2. 私塾式。花钱拜师,向水平较高的专职妇女学习女书,包教包会。阳焕宜等拜义早早为师,"四百文一首歌"。

3. 祭祀式。到娘娘庙许愿,烧过香、化过纸,在神龛上拿一份别人写的女书回去看读(叫"花钱买书")。最早的神台女书不是用笔写的,而是用丝线绣在绸子上,一卷一卷的。特别是十五六岁的女孩子,拿了女书回去要照抄一份,跟年纪大的妇女学认学唱学写。以后可以用女书把自己的心里话写出来,悄悄送到神台神龛上,让别人去读、去写。快出嫁的姑娘如果不会唱女歌、写女书、做女红,是被人看不起的。如花山庙、龙眼塘等娘娘庙有文献记载。至今有人去祭拜。

君子女

民国二十年（1931年）七月，和济印刷公司刊印的《湖南各县调查笔记》上册"花山条"记载："（永明县）花山，在层山岭之麓。石玲珑若花然。相传唐时，谭姓姊妹，学佛修真，入山采药，相与坐化于此，土人于山颠立口[1]祀之（原注：今称花山庙）。石既罗列有致，加崇林美荫，磴道缘石罅以出，升降忘劳。每岁五月，各乡妇女焚香膜拜，持歌扇同声高唱，以追悼之。其歌扇所书蝇头细字，似蒙古文。全县男子能识此种字者，余未之见。"

4. 歌堂式。歌堂习得，先会唱后学写，互教互学，这是女书传承的主要方式。（详见后文）

在村里的街门凉亭里，一边打花带，一边唱女歌。

---

1 原文缺少文字。

第三簪

阳焕宜
(1909—2004)。

君子女

高银仙
(1902—1990)。

花蹊君子女九簪

第三簪

1

2

1. 义年华（1907—1991）。 2. 何艳新（1940—）。

君子女

1. 何静华、蒲丽娟母女在美国妇女署。 2. 胡欣在书写。

三朝书是女书「经典」，是结婚第三天作为娘家礼盒中女性亲友姊妹专赠的礼品，是新娘有教养的标志。

第四簪 花儿出嫁了

第四簪

婚嫁三朝书[1]

---

[1] 三朝书是女书"经典",是结婚第三天作为娘家礼盒中女性亲友姊妹专赠的礼品,是新娘有教养的标志。

订婚"纳彩"、生辰写八字与订日子结婚选吉日。

花儿出嫁了

1. 结婚拜堂。2. 坐歌堂。

花溪君子女九簪

第四簪

1.《身坐娘楼修书到 看偡细姊在他门》（佚名传世本）

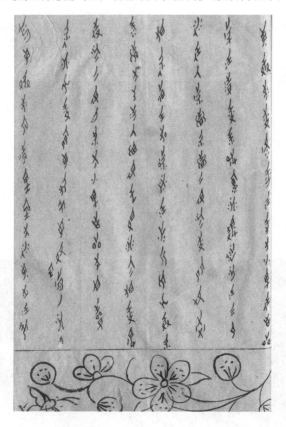

身坐娘楼修书到　看偡[1]细姊在他门　字到远乡来相会　花席遥遥到三朝
你在人家乐不乐　二倈[2]冷楼哪处安　有你团圆如风过　到此没边坐不齐
结义之时人四倈　手取花针有商量　送冷二倈可怜义　细姊他门要背惊[3]
你亦出乡命中好　父母双全哥一个[4]　房中嫂娘知情理　宽待你身本到头

1　看偡：看望。细：小。细姊：最小的姐姐。他门：男家、婆家。
2　倈(lái)：量词，表示几姊妹。下文的"仔倈"，表示几个兄弟姐妹，亦作"崽个"。
3　背惊：回想清楚。
4　个：量词。

花儿出嫁了

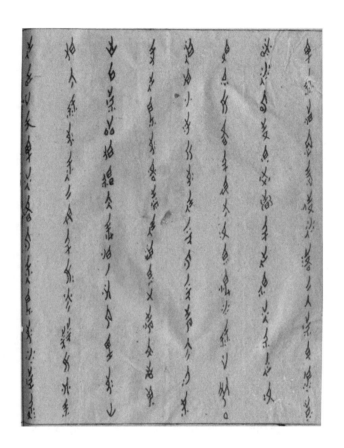

姊妹同陪奉送你　落入人家见抵钱　叫你听言请安乐　只是想开不泪流
取念侬尽仔侏义　留点疼心妹上头　我吧小时没娘在　无弟无兄真可怜
靠是嬷娘[1]寿高在　提点事情教嘱深　算日家门有福分　重归[2]一个知理娘
有个妹娘我二侏　只气爷亲年亦老　是望上天早开路　称我嬷娘心自欢

1　嬷（mó）娘：祖母。
2　重归：改嫁。下文"爷"，指父亲。祖父称"郎公"。

第四簪

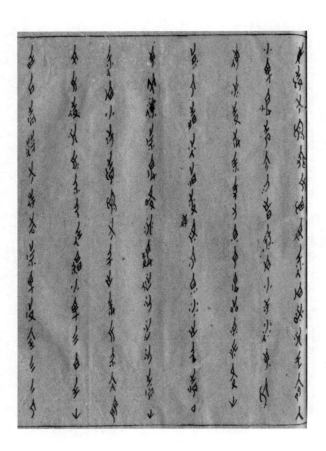

结义为成依四俫　　我吧叫个丑命人　　细姊恨声真可惜　　妹吧小时你身边
共写言语来看儕　　请起良门闹热多　　前朝拆开同楼伴　　始得点心算礼情
恭贺贵家龙搁□　　花席遥遥步步高　　我吧小时结为义　　只算长年不分居
旧年送个气不了　　再复细姊三日完　　望日高亲要放谅　　加早回程三两朝

花儿出嫁了

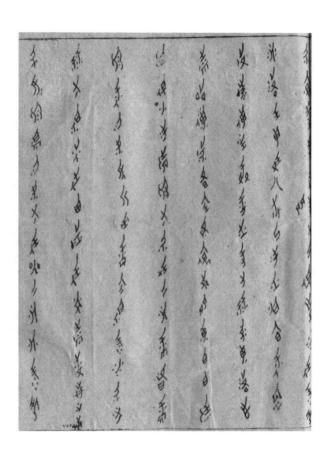

得说团园合归伴　　细说花声共商量　　自从分开如水浪　　时刻念声你不闻
送冷高楼我二俫　　细姊他乡提不提　　问愁眉无安乐　　　泪哭悲伤刀割肠
日搁开想拢气　　　分离拆开就是难　　明色[1]我身父双在　哥亦三名嫂三个
四个娇孙相称毑[2]　取点名声我无烦　　是哭可怜无此用　　脚踏船边亦是沉

1　明色：明白。
2　毑(jiě)：指父母辈，或指父母双方，或指父、母一方。

第四簪

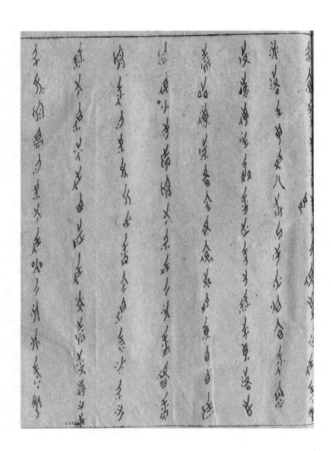

不说疼你言明白　　二俫烦心再拢头　　花落园中难拨叶　　几时转归合我陪
回阳共笔做书本　　看儌妹娘身落他[1]　高门贵家尽全色　　胜如明灯日日红
四俫小时结为义　　不该两个共路愁　　唯我可怜气没用　　至今想拢心不甘
妹要想开是恬静　　在驰高楼半世休　　只气为恩可怜义　　再哭两个亦拢头

1　他：婆家，又作他门。

花儿出嫁了

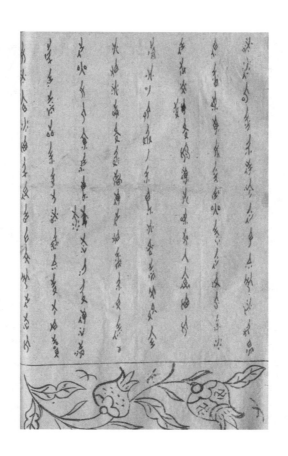

叫你听书不放冷	虑起念头的好恩	想着将身气无用	哭尽泪流刀割心
在于驰楼多为贵	略将如人胜四边	哥亦一名嫂一位	孀亦寿高父双全
又有花孙多欢乐	就是有愁不见焦	是哭年低给枉委[1]	压煞可亏就世情
字到高门来看傺	叫妹念言要背惊	侬的合心四仔俫	望日交头是煞边

1　枉委：冤枉、委屈。

第四簪

2.《取砚提文薄[1]写信　看祭姊娘满三朝》　（佚名传世本）

取砚提文薄写信　　看祭姊娘满三朝　　自从分开你一个　　几俫无安心乱溶
结交为成五俫义　　个个命轻没驰爷　　惟姊楼中无烦意　　始给可亏女日完
如今姊娘先割

1　薄：谦词。

花儿出嫁了

谊
三朵红花哥一个
千般提来你知得

痛哭慈悲泪四垂
姊亦出乡几载年
叫你想惊要虑其[1]

小时没爷在世上
只气女人是无用
不曰过了不念着

驰守空房四俫身
见得驰念多上愁
四俫

---

1 虑其：想开，想明白。

第四簪

楼前就不依　　白写粗言来看儕　　奉到贵门恭贺亲　　幼姊不同将三日
时刻念声你不闻　想起非常过日子　　你在高楼有倚身　　姊吧命乖[1]出得气
解尽千行达

1　命乖：命好。

花儿出嫁了

万朝
姊吧出乡几载年
幼姊人家听我言

焦枯可怜没爷在
诉读一章真流泪
自写

娘守空房子一个
又没似归我寒微

同胞同陪是四俫
我亦提言共笔做

花蹊君子女九簪

第四簪

不同你一位　　五心乱溶到三朝　　四俍命轻没爷在　　你吧父双多抵钱
送你到他无忧虑　　三个姑爷父母双　　嫂亦两个是芳上　　幼姊上头有得心
是妹一人真可惜　　从小焦枯没驰

花儿出嫁了

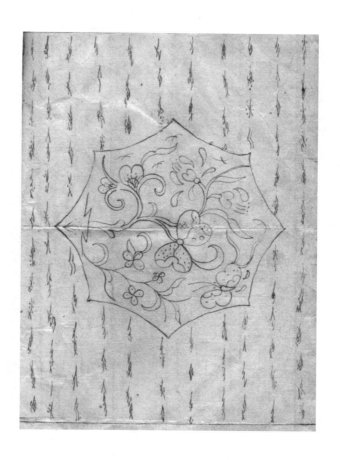

爷
只曰红花没用人
拆散不同满三朝
娘守空房我一个

驰的同胞是两个
手取共言做信到
惟你老成命乖女
千样不提你知得

叔吧双双三个儿
看僚孙姊[1]三日完
就曰分开没在楼
叫你想惊四俫人

亏在我驰真难气
曰修书如刀割
亦气将身依命薄

---

1 孙姊：侄姊。女书方言，孙，侄。

在女书之乡,歌堂文化是女书的温床,女书是歌堂文化的灵魂。

第五簪　歌堂

进不了学堂，唱歌堂

女书既不是官方文字，也不是宗教文字。女书是地道的民间文字。女书的使用者乃至创造者是不能接受社会正规教育的普通农家妇女。

女人不能上学读书，不能进学堂，也不能进祠堂吃清明酒。用女书中的说法，不能顶门立户"抵爷（父）名"。她们常常抱怨，身为女人"错度红花（女孩）不抵钱""只因皇帝制错礼""弟弟读书起高房，姊妹绣花坐绣楼"。但是她们为自己创造了一种文字，成了会读书写字的"君子女"。歌堂就是她们的学堂。

歌堂=学堂。

歌堂是传承女书的学堂。女书歌堂主要有三种形式。

1. 女红歌堂。平日要好的姊妹常常一边做女红一边唱女歌，习女书。这里妇女有结交姊妹"老同"的习俗，她们用女书写结交书，互相邀请慰问，诉说苦乐，或结伴奉上女书向神灵许愿求福。

2. 节日歌堂。每年四月初八，本来是男人们的"斗牛节"，女人则在家

歌堂

天井歌堂。

花溪君子女九簪

欢聚打平伙，各自带食品钱饷，一起聚餐，一起唱习女书。男人的斗牛节早就不搞了，姑娘们的节日却传下来，成了专门的女儿节。其他还有正月十五元宵节、六月的吹凉节、尝新节等也是姊妹们聚会的节日。

3. 婚嫁歌堂。特别是伙伴出嫁前，姊妹要来陪伴，多则半个月，少则三天，坐歌堂，唱陪嫁歌。精美的三朝书，是姑娘出嫁后第三天最珍贵的礼物。三朝书是女书的经典，是女书重要的教材。当地称唱读女书为"读纸读扇读帕""唱纸唱扇唱帕"。这样，唱读女书歌和与之有关的女红形成了一种特殊的女书歌堂文化，也是女书传承的主要方式。

"君子女"与歌堂文化。

在女书之乡，歌堂文化是女书的温床，女书是歌堂文化的灵魂。女书作品基本上都是长诗体韵文，90%以上是七言，偶见五言、杂言。女书的阅读方式一定要唱诵，大多用一种特定的比较低沉、哀婉的曲调吟唱。女书作品几乎都是唱本。其创作者是当地精通女书的"知识分子"，用女书中的说法叫作"君子女"。这些妇女又被称作"歌头"。

这样能唱、能写，又能创作女书的妇女并不是很多。通过对上江墟20个自然村的调查，我们看到，近百年间，有30余名精通女书的妇女，有的村子只有一两个，有的村子多达十来个。精通女书的人较多的村子有高家、甘益、河渊等。她们是女书的教授者、传播者。她们出嫁所至，即女书传播范围所及。这些妇女在当地有很高的威望，往往以她们为核心，以女书为灵魂，

歌堂

凝聚着一个个结交老同姊妹群体。她们的社交活动场所是在家里的绣楼堂前。她们的社交活动方式为写女书、唱女书以及切磋女红。每当女书歌声响起的时候，姑娘、媳妇、老妪便聚拢在一起"读纸读扇"，忘情入境。大家都沉浸在女性情感世界中，自演自唱，自娱自乐。

在女书之乡，妇女们不一定人人会写女书，但几乎人人会唱女书歌。女书作品是共享的，即使是自传或信件，也是唱出来大家听，甚至大家唱。女书文学是一种群众性的民间说唱文学。女书文化是一种庭院式的歌堂文化。

女书扇面。

女书"文房四宝"

女书的"纸"有很多,包括册书、扇书、纸书、帕书、带子花、铜币,等等。女书的经典文本是自制的布面册本"三朝书",款式同中国传统线装书,制作非常精美。除了作为纪念,女书文本还用于夹女红花样丝线等,并且将伴随一生,去世时会被放进棺材或烧掉。它是由妇女们亲手做的手写本,有一致的装潢、缝制的方法。每本布面册书约为32开本的大小;布制封面一般有三层,外面是黑色自织或机织土布,里子常见为蓝绸缎,中间还夹有一层垫布;装订线图案均为双线回字格纹,上下有红布包角,外三分之一或四分之一处有彩条花边为接缝,内为纵横经纬布纹,外为斜经纬布纹,最外边有包边沿条。整个封面美观、大方、坚固、厚实,便于经常翻阅、保存,也便于携带、使用。

此外,女书还有纸书、扇书和帕书等式样。纸书指的是一张纸,常常是红纸。扇子也是妇女喜爱的女书式样,或写或读,即展即合,文雅、方便。帕书是把女书绣在手帕上,有时是黄绸缎上,类似皇榜诏书,显示了女书主人"君子女"的强烈自尊。所以也称读女书为"读纸、读扇、读帕"。带子花是绣在花带上的女书歌、吉利话,并且用花带拼成"八宝被"。二十世纪末在南京发现了太平天国女书铜币(见《人民日报》海外版2000年3月2日赵丽明文)。女书是对男尊女卑的旧制度的文化抗争,从山沟写到京城,从纸书、扇书、帕书写到太平天国的铜币上,虽然只是彗星一闪、昙花一现,却蕴含着一种质的升华。

女书的笔原来是用竹篾或"棍子笔"。女书的墨原来是"锅底灰"。后来逐渐用毛笔、用墨,甚至也与时俱进,用圆珠笔、签字笔。

歌堂

现代女书学堂，胡美月既是老师又是校长。

第五簪

歌堂里的君子女

1.《义年华自传》　义年华写

不唱前王并后汉	听唱年华姓义人	要知年华出身处	一二从头听端详
家住湖南永州府	永明县内有家门	东门出城二十里	地名叫作棠下村
棠下郎公[1]义顺朝	嬷嬷[2]名叫唐篱英	夫妻二人多行善	生下父亲一个人

1　郎公,祖父。
2　嬷嬷,祖母,奶奶。

歌堂

生下儿女有五个　外婆白水王家女　白水外公文秀才　娶得我娘白水女
父亲名叫义昔君　我娘名叫何光慈　大女就是我驰[1]娘　两个姨娘两个舅
妹娘一岁不知天　爷[2]死之时我四岁　抛下我娘守空房　二十七岁落阴府

1　驰：母亲，或称父母。
2　爷：父亲。

第五簪

外公外婆多虑心　娘守空房年轻少　我驰空房没开心　上无兄来下无弟
两个姨娘解驰心　两个舅爹多惜疼　三母常常在舅家　叫我小舅来接姊
可比以前在驰边　时刻坐齐劝我驰　本是知轻见理人　两个舅娘书家女

歌堂

父母刚强在世上　　几个同陪解开心　　心焦的时姨家去　　两个姨娘开得心
两个姨娘齐相劝　　劝姊安心守女儿　　如今爷娘刚强在　　坐齐驰边不见愁
守得女儿成长大　　交全红花出功劳　　守了一年守一年　　不觉守了十年春

花蹊君子女九簪

第五簪

年华长大十四岁　始得转回棠下村　只靠郎公刚强在　把当家情顾大孙
年华年刚十七岁　郎公交全桐口村　配与卢全为夫主　初到卢家并无烦
来到三年上四载　养起女儿是一个　我夫出乡书房去　谁知母亲说枉言

歌堂

枉我暗中煮蛋吃　哪个神仙来证明　日间与娘同陪坐　夜间同被又同床
年华尽心待父母　哪有此心偏别娘　老娘当天来跪下　咬土三口咒我身
透夜不眠透夜哭　郎叔不敢说分明　心中思想无路走　辞别世间理不明

第五簪

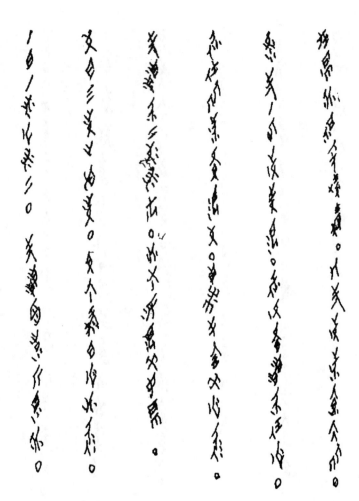

左思右想无计策　　守夫回家说分明　　丈夫一听回言答　　我劝贤妻不在心
你是名家贤德女　　忠孝两全父心欢　　夫妻不入娘的意　　亦要报答父母恩
女儿三岁上四岁　　见个娇儿心亦欢　　一儿一花好过日　　夫妻房前没点忧

歌堂

我儿养了三岁满　内起疳心乱溶　钱银整[1]了几百块　人财两空没功劳
想起老娘心肠毒　咬土三咒我身　咒我将身没好处　咒了三年崽落阴
二月我儿落阴府　九月生下小女身　小女将来一岁满　女儿交生[2]夫落朝[3]

1　整：治病花钱。
2　交生：出生。
3　落朝：同落阳，去世。

第五簪

小女养了十日满　　九月二十又落阴　　十二月来合归住　　照顾寡妇二母人
第二年来九月节　　九月二十四夫落阴　　九月二十四夫死了　　二十九岁守空房
头年我儿落阴府　　第二年间夫落朝　　得知前世积了恶　　无儿无夫靠谁人

歌堂

清早起来哭到黑
忠孝两全对父母
有钱有吃我没份
（下有删减）

哭子哭夫过时辰
依样相对对夫君
到此床中我的娘

日间确如梦中过
再说他娘心肠毒
老娘得病两个月

夜间确如在阴司
拿我将身不算人
床中屎尿我奉承

第五簪

三十三年走日本[1]
大女年刚十四岁
走到山中流珠哭

寡妇没夫好可怜
小女年刚六岁人
没夫起场没安身

人人有夫拿粮食
引起女儿走日本
伯叔看见齐疼惜

是我无夫泪双流
独个拿米到山林
叫我入场去安身

1　走日本：日寇经过。

歌堂

石山石岩亦怕走　高山大岭去安身　住在山中几个月　受尽寒霜雪上眠
桐口岭上雪停了　连夜走到棠下村　棠下弟郎多疼惜　送我岭上去安身
房中妹娘知情理　劝声姑娘你安心　弟郎拿米又起场　送你岭上去安身

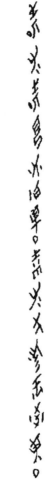

第五簪

棠下岭上安心过　想到桐口拿衣裳　房中妹娘的弟弟　叫他与我拿衣裳
回家将来一个月　又想拿米又拿衣　到了桐口住一夜　拿衣拿米就起身
出了桐口半里路　日本赶上抢衣裳　日本捉起亲家弟　受了压迫刀割心

歌堂

性命不知生是死
弟郎一听双流泪
今后不送你的米

气煞我身并无魂
害了外婆一家人
让你饿死在山中

亡性亡命走归屋
外婆年老无人养
心中思想无主意

告诉弟郎好伤心
亦气没子亦没孙

2.《阳焕宜自传》 阳焕宜写

念想行言提笔坐　　我曰可怜诉一篇　　我是九元年所生　　七月生七月养的
可可怜怜养下地　　亦没盐亦没油吃　　念起停餐找饭吃　　想我身好可怜
一岁二岁手上珠　　三岁四岁裙脚女　　五岁六岁就养牛　　七岁八岁就看形
九岁十岁去种地　　请妹乱就曰看姊　　十一岁上十二岁　　断禾舂碓疼曰个

清早起来度到黑　　疼曰独留多辛苦　　慢慢度来慢慢过　　想起可怜好凄寒
十三十四种田地　　十五岁结姊妹　　　结起姊妹奈贵难　　交上我独个结义
十六就学女书　　　十七学写亦做书　　常曰上好不伴离　　透夜不眠记在心
十九上二十　　　　过家多苦尽　　　　眼泪行过时光
哪里岗头没脚迹　　哪里田头没手匠

歌堂

大伯非得姊妹惜
二十一岁交全我
去了三个月完四日
放起厅堂上
不惜得问钱不惜药水

年年帮驰做长工
落于姓陈新宅村
上岭去割青
不得留时命归仙

我是出生姓阳女
算我过他人称贵
就给运倒虚
亦惜可怜死得苦

名字叫阳焕宜
不算雪上更加愁
接念背起转回家
知杀出府枯竭开花

想起可怜哭不消
将身想起行归步
找归没好夫当行
二十四岁养个娇儿子

放下我身空房坐
落于二都何渊村
漂当不在家嫁我
亦没世上陪我行

女不成来媳不是
跨入大门心不安
伤心不伤心好可怜
二十五岁再养个女

只气可怜陪哪个
是我仙命忧到底
二十三岁我来到
女亦不跟好可怜

第五簪

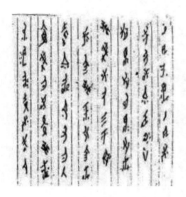

二十七岁再养个
三十三岁又养个红花女
一日不得一日过
诉命收来没命运

三十岁再福养一个媳
卦上天命多可怜
时时纪念在心上
接连死了七人

接连二俫娇儿子
一日不得一日过
心独心独好意
说我可怜多受苦

算曰开心抛我愁
想起辛苦百色难
收我财礼三千毫
不得乱言过一朝

歌堂

3.《何艳新自传》 何艳新写

静坐娘房无思想	思想可怜记扇中	扇中之人齐疼惜	疼惜丑命不如人
清早起来愁到黑	眼泪涟涟过时光	透夜想来透夜哭	无人把当千事情
自从丈夫落阴府	几个月中心不平	田地工夫不会做	手拿锄头眼泪飘
清早起来做到黑	千斤百担自承当	左思右想心不静	只气儿女未成人

当地土话比较复杂,但是女书有特定的读书音——城关音。这是当地的雅言、普通话。这说明创造女书的主人享有一种自觉高雅的文化生活。

第六簪 女书与汉字

第六簪

女书的书写与阅读

一、女书写本行款

女书写本仿循古代汉线装书，上下留有天地，行文自上而下，走行从左到右。妇女们说，原来用竹篾蘸墨或锅底炭黑在膝盖上写。女书老人告诉笔者，男人写男字在桌子上写，女人写女书是在膝盖上写，可以一边做饭，一边写。女书主人用简单朴素的语言把女书产生的社会原因讲得很清楚。女书字体如蚊，清丽纤细，古朴俊秀，有其独特的书法美。女书作品的语言形式基本都是七言诗（偶见五言），连写，不分句、段，无标点，只有一个叠字重复符号▮，有时简作▮以及为保持整齐美观而用的两个行尾填白符号▮、▮。有的页心上精心绘有八边八角图案，有的在剩余的空白页上绘上花草，有的每页都饰有红花剪纸包角。

二、女书笔画与笔顺

女书字的外观形体特征是呈长菱形的"多"字式体势，右上高左下低。斜倾修长、秀丽清癯。女书字形有其独特的女性美，古朴清秀，柔中有刚，飘逸中透出风骨。这种风格、韵味体现了女性的智慧才能和不屈不挠的性格。有相当一部分女书字形与女红图案不无关系，主要体现在两个方面：一是图案性，呈几何图形及对称性，这与编织工艺有关，适合经纬走向；二是线条的曲线美，这与刺绣、剪纸等有关。据高银仙、义年华等老人讲，很久以前，上江墟有位才华出众的九斤姑娘，非常聪明能干，有一双巧手，纺纱织布、绩麻绣花样样出色。附近的姑娘们都喜欢和她结交姊妹，还有的从远处慕名而来学女

女书与汉字

女书和汉字书写的"女书"。

花蹊君子女九簪

第六簪

红。以前女人不识字，托人带口信儿常常出错。九斤姑娘便创造女字，用这种字把信写在纸本、扇子、帕子上，捎给远近的姐妹。她们接到信后，大家聚在一起，一边做女红，一边读纸读扇读帕，也一边传习女书。后来姑娘们都学会了这种字，一代一代传下来。义年华在答来访者《要问女书何处来》的一篇女书中唱道："只听前人讲古话，九斤姑娘最聪明，女书本是姑娘做，做起女书传世间。"

女书字基本由点和弧线两种笔画组成，其弧线大都由上至下书写，没有提、勾、折，没有绝对的横、竖，圆也是由两笔弧线围成，不是一笔圈成的。这种基本笔画特点，在早期女书原件资料中尤为明显。

三、女书阅读方式

上江墟一带流传着一个美丽的传说。古时候，唐朝或者宋代，荆田村胡家出了位皇帝娘娘，叫胡玉秀。因为她才貌出众，被选入宫中做皇妃，但却在宫中受到冷遇，万般凄苦，便创造了女书字给家人写信。她把这种字写在手帕上，托人带回家乡，并告诉亲人看信的秘诀：第一要斜着看，第二按土话读音去理解意思。不管真实与否，这个故事传达了几个重要信息：女人用女书来诉苦，女书的阅读方式一是"斜着看"，即要把斜体字还原为正体才可识；二是"按土话读音"，即女书是记录当地土话的。

女书阅读方式与女书记录语言的方式，即女书的本质属性有关。女书是表音文字。一个字符标记一个音节。女书字形与词义之间没有直接联系，单拿一个字，女书老人也不知是什么意思。妇女们是采取出声吟诵的阅读手段直接将书面符号还原为有声语言，上下文串通意思来区别同音词，即只有在具体的语言环境中才能确定一个女书字体所标记的音节表示什么意思。这种阅读方式与女书的创制、传承及妇女文化生活息息相关。

女书与汉字

四、女书"雅言"读书音

当地土话比较复杂,但是女书有特定的读书音——城关音。这是当地的雅言、普通话。这说明创造女书的主人享有一种自觉高雅的文化生活。

在调查中我们发现,城关—白水(距离城关2公里)—锦江(距离城关4公里)—上江圩镇(距离城关8~10公里,如高家村、阳家村、河渊村等),随着距离城关越来越远,语音系统逐级发生变化,例如声调由7个、6个、5个逐步减少。声韵也愈趋简单,声母22—21—20个,韵母37—36—34个。

在调查中我们还发现,唱读女书时,并不是读本村的土话音。例如1940年出生的何艳新,她是十岁左右和外婆学习的女书。外婆是江永上江圩人。后来嫁到接壤的道县田广洞村(距离河渊2公里)。她听到外婆唱女书时,既不用所居住的道县田广洞婆家话,也不用江永上江圩娘家话,而是用江永城关话。她问外婆其中的缘由,外婆说,好听啊,显得文雅些。这些农家妇女,她们希望自己显得高贵、文雅些。城关是强势文化,城关音也是好听的,有身份的。而且上江圩土话属于城关片(黄雪贞1993),城关话自然成了"君子女"的标准读音。就是说,尽管各村土话有所不同,但唱起女书来,"读纸读扇"都尽量说好听的城关话。但又不是地道的城关话,常常受到本村母语的干扰,有时是本村母语土话、城关话混着说,甚至声韵用城关话,却用母语的声调。

女书记录的语言参见黄雪贞《江永方言调查》(社会科学文献出版社1993年版)。

第六簪

女书基本字与字源考

　　截止到二十世纪末，根据我们所能见到的传本以及女书自然传承人的22万字的女书原件资料，逐字进行穷尽性考察统计而得出的研究成果汇集成此女书基本字与字源考。

　　通过对每个女书字符的形体以及使用频率的提取、排比、统计、整理，我们看到每个人使用单字500左右（包括异体字）。我们运用字位理论整理出女书基本字（无区别意义的同一字源的字符），只有300多个。用这些共识的基本字可以完整记录当地土话——一种汉语方言。本文同时报告了根据女书原件素材，对每个女书基本字的造字来源的考证结果更有力地证明了女书来源于楷书后的汉字，是方块汉字的一种变体。女书是记录汉语方言的一种单音节音符字的表音文字。

　　女书是流传在湖南江永县潇水流域的一种妇女专用文字。2004年9月20日，最后一位女书老人阳焕宜（公元1909年出生）去世，标志女书原生态历史的结束。

　　女书字数到底有多少？女书到底源于何时，历史有多久？这是女书研究中的两个尖端问题。对女书字形渊源的考察研究，以及文字体系自身内在用字规律的考察、量的统计归纳，是考察女书渊源的基础工作之一。

女书与汉字

张文贺、刘双琴、杨桦、王荣波、谢玄、张丹、吴迪、赵璞嵩、陈卉、莫静清等数十名清华大学师生,利用两年多的时间,从近千篇女书原始文本资料中抢救编译整理出可识读的640篇,扫描影印出版《中国女书合集》,编制了《女书字表》,并进行数字化处理,建立了《女书字库》。这为我们考察女书基本用字,进行量化研究,提供了科学依据和数字化手段。

本文所做的《女书基本字与字源考》就是根据《中国女书合集》及《女书字表》《女书字库》整理研究的。试图回答人们关注的两个问题:女书基本字的数量和女书基本字的字源。前者有助于探讨女书文字的性质,后者有助于探讨女书产生的历史。

《女书基本字与字源考》的原则和方法如下。

一、字形基础

为了严格忠实于女书自然传承面貌,女书单字基本依据传本佚名文本前62篇3万余字的女书作品原件的扫描材料。它们最早可推至明末清初传本(经版本专家鉴定)。由于自然文本,无任何功利目的,作者均已过世不可考;经典文本,均为精通女书高手所书,反映基础用字。因此,字表反映了女书用字的基本原貌,可正本清源,具有一定的规范性。

二、字音基础

女书记录的语言是江永方言。经过李蓝、曹志耘、赵丽明,以及黄雪贞等人的调查研究,尽管在女书流行的上江墟乡(镇)各村土话有异,但读女书却有其"雅言"——城关话,即当地土话的"普通话"。所以,本字表依据黄雪贞先生《江永方言研究》(社会科学文献出版社1993年版)的城关音,用国际音标给女书注音,再结合女书作品用字整理而成。

三、理论基础

我们借用音位理论，采用了字位理论来处理异体字问题。即在一字多形的情况下，在没有区别意义的异体字中，取使用频率最高的常用字形作为基本字。

四、排序说明

1. 首先按笔画排序，依照女书原件中频率最高字型来计算笔画。

2. 其次按字音排序，同笔画中的字序依次按韵母、声母、声调排序。具体则按照《江永方言研究》中第四章《江永土话同音字表》的顺序。

（1）韵母的排序：

a ua ya ie ø uø yø uə yə ɯə i iu u yu y ɯ ai uai yai au iau ou iou əɯ mou

youɯ ɯɯ yn aŋ iaŋ uaŋ yaŋ əŋ oŋ ioŋ iŋ ŋ

（2）声母的排序：

p pʻ m f v t tʻ n l ts tsʻ s tɕ tɕʻ n ɕ k kʻ ŋ h ø

（3）声调顺序：

阴平(44) 阳平(42) 阴上(35) 阳上(13) 阴去(21) 阳去(33) 入声(5)

3. 一字多义，基本按字频排序，使用频率高者在前。

女书与汉字

五、字源考证

即与所借方块汉字的血缘关系远近有三级,大致分基本借形、变异造形、孳乳造字三类,尽量予以说明,暂时不明字源者阙如待考。

《女书字表》和《女书字库》由清华大学抢救女书SRT小组的同学制作。参加制作的同学主要有张文贺、王荣波、谢玄、杨桦、刘双琴、莫静清、张丹,以及赵璞嵩、吴迪、廖盼盼、朱文韬,还有中文系零字班、一字班、二字班以及双学位的数十名同学参与。他们制作数万张卡片,整理字表,建立字库,付出了艰苦的劳动。

此外,我们还以当时唯一健在的百岁老人阳焕宜(1909—2004年)的用字来作为考察对象。依据《阳焕宜女书常用字表》(见《百岁女书老人——阳焕宜女书作品集》,国际文化出版公司2004年版)撰写了《阳焕宜女书基础字考》。因为阳焕宜不识方块汉字,没有方块汉字的干扰,因此,这个字表也反映了女书用字的基本原貌,读者可以参照比对。

(就在本文发表后10天,2004年9月20日阳焕宜老人去世,标志自然状态的女书历史的终结。)佚名传本和阳焕宜女书作品均保持了女书的原貌。我们比较二者作品中的女书用字,对于了解女书作为表音文字记录语言的手段、特点,有着重要的意义;同时对目前女书的混乱状态具有一定的规范作用。

在翻译过程中我们先后得到周硕沂、唐功炜、何艳新、曹小华等当地同志的帮助。因为女书记录的语言是当地土话,女书作品中有大量的方言土语词,又有文白异读、辈分差别、村落差异,以及女书用字未经严格规范、语句错乱

第六簪

等复杂情况，特别是女书是用一个字标记一组同音或近音词的音节表音文字。此外，还有许多问题有待继续深入研究。

2006年10月根据《中国女书合集》中高银仙、义年华、阳焕宜、何艳新作品进行了补充。

说明：

（1）女书基本字按笔画顺序，括号内楷体为字源，所标字义右上数字为字频。

（2）异体字取字频较高者附后，同时附字频。无标记者即为基本字形所标字义。

女书基本字表与字源考

	一 画（1字）			（人）	ie²¹	人²¹⁰⁰ 又读 ŋ⁴²
（一）	i⁵	一¹⁵⁴⁷			iŋ⁴²	炎² 仍¹ 焉¹
	i³³	叶¹		（八）	pø⁵	八³²⁶
	二 画（7字）				pəŋ⁴⁴	拔¹
（二）	na³³	一⁹⁰⁸ 入⁵¹⁰		（十）	sɯə³³³	十⁸⁰² 事³⁰⁹ 实³⁴ 侍²
	na⁵	日⁴⁴⁷				拾¹ 莳¹
	liaŋ¹³	两（训读）³⁰³			sɯə¹³	是²³
	aŋ¹³	你²			ɕi³³	誓⁸
（七）	tsʻa⁵	七³⁶⁷ 傺¹⁹⁰				
	tsʻɯə⁵	错⁸⁷				

女书与汉字

女书	读音	汉字
㇓㇆（卜/飘）	p'iu⁴⁴	飘⁶⁰⁻³漂²
	p'i⁴⁴	批¹⁴披⁶
	vu¹³	雨¹¹武¹舞¹
	u⁵	屋⁹⁻³
	p'ai⁴⁴	喷⁶
	p'əŋ²¹	片⁵骗¹
	piu⁴⁴	标¹
	piou⁴²	嫖¹
	y¹³	宇¹羽¹
㇓㇆（卜/火）	u⁵	屋¹⁶⁶⁻²
	p'iu⁴⁴	飘¹⁵⁻²
	p'ai⁴⁴	蜂⁴
	iu⁵	约¹
三画（19字）		
㇀（水）	ɕya³⁵	水⁴²⁴
（了/礼/丫）	tie⁴²	了⁴⁹⁹又读liu¹³
	li¹³	礼²⁸⁴弟⁵⁶
	li²¹	帝²⁸
	liu²¹	吊²²调¹
	vɯə⁴⁴	丫¹⁰
（乂）	nie³³	要⁴⁸¹内⁴
	ni³³	义³²³
	nie²¹	认³⁸
	ny¹³	语³⁷
	i¹³	以²⁶
	ni⁴²	宜¹⁶仪¹
	ni¹⁰	谊¹⁰
	ni¹³	议⁶
	ai³⁵	耳⁵
	i²¹	意⁴
	nie¹³	忍³
	i⁴²	遗¹
	ni¹³	蚁¹
（大）	tø³³	大⁶²⁴代¹⁰袋²
	tø5⁴²	台¹⁶³抬³⁰
	tø5⁴²	待⁹⁰怠¹
（又/尺）	tɕ'yə⁵	尺¹⁹
	tɕyu⁵	嘱¹⁵烛³
	tɕ'iou⁵	却⁶
（下）	fɯə¹³	下¹⁰⁹
	fɯə²¹	化²³吓/嚇¹¹
（刀/力）	liu⁴⁴	朝²⁵³又tɕiu⁴²雕³⁵刁³
	li⁴⁴	低⁹⁴
	tsau³⁵	早¹⁷
	li⁴²	犁¹⁰
（小）	siu³⁵	小⁵⁴⁷
	si²¹	细²⁸³
	iu²¹	笑⁸⁸
	si³⁵	洗⁸¹
	ɕiou⁵	叔¹⁰
	sai²¹	送⁴宋²
	si⁵	息⁴
	siou⁵	宿³
	siu⁵	削²
	tsie³³	夕²
（土）	t'u³⁵	土²⁸
（女）	nyu¹³	女¹⁷⁵⁸
（文）	vai⁴²	文⁴⁴⁸
	mai⁴²	闻⁷
	mai⁴⁴	文（一～铜钱）⁴
（工）	kai⁴⁴	公（白读）³⁷⁵跟¹¹²工⁴⁰
	kaŋ⁴⁴	公（文读）³¹⁷竿²功²
	kuoɯ⁴⁴	间（中～）²⁹⁸更¹³²
		根⁷⁷庚¹⁴耕⁹
	kuoɯ²¹	间²⁴更¹
	k'aŋ⁴⁴	坑¹

字符	读音	对应汉字	字符	读音	对应汉字
(可/寸)	k'au²¹	靠⁹²		luoɯ⁴⁴	单¹⁰丹²
	k'au³⁵	考¹⁷		la⁵	粒⁴
	kø²¹	介¹⁶戒界³		suoɯ²¹	散²
	hou³⁵	口¹⁰⁵（白读）	(非)	fa⁴⁴	非¹²⁸飞¹¹⁹辉¹⁶挥¹
	tɕ'yə²¹	寸¹⁷		pø⁴⁴	飞（白读）¹¹⁹⁻²
	k'ou⁵	确¹⁰壳¹²扩¹		ɕya⁴⁴	虽¹⁴
	kou³⁵	狗⁶苟⁶		fø²¹	坏¹²
	kau³⁵	稿¹		p'uoɯ⁴⁴	翻¹¹⁻³又音huoɯ⁴⁴番²
(个)	kou²¹	个¹⁰²⁰告³⁰够¹		fɯ⁴⁴	灰²
	k'ou³⁵	可⁸²⁵		paŋ³⁵	反³
	ku²¹	顾⁶⁹过²		paŋ³³	饭¹
	kø²¹	界¹⁰介⁷		fi²¹	费¹
(九/久)	tɕiou³⁵	九²⁹¹久¹⁸⁶韭¹		fa³⁵	匪⁰⁻¹²毁⁰⁻²
	ɕiou³⁵	守²¹⁴	(亏)	k'ua⁴⁴	亏⁷⁶
	tɕyə³⁵	者¹³		k'ua⁵	屈²垮²
	tsiou³⁵	酒⁸	(太)	t'ø²¹	太⁶⁵
(二/两 俗体)	liaŋ³⁵	两²⁰⁶	(才)	tsø⁴²	财⁵⁹才⁴⁹裁¹³
	na³³	一⁶		ts'au³⁵	草²
(上)	ɕiaŋ¹³	上⁸⁵⁸⁻⁷⁵¹又读ɕiaŋ³³	(分/手)	fɯə⁴⁴	发¹¹⁷蝦¹²
	ɕi²¹	世¹³²		kuø⁵	骨²⁹刮²括²
	ɕiaŋ²¹	向¹⁶		ɕy³³	穴¹
	ɕi³³	食¹	(子)	tsɯə³⁵	子¹¹⁸⁴只⁶⁷⁸纸¹²⁵
(千/干)	ts'əŋ⁴⁴	千⁴⁴⁷签⁴迁¹			指¹⁷旨¹⁷紫⁶趾²
	kaŋ⁴⁴	干³⁰		tie³⁵	子（蚊~）²⁸⁹
(三)	soŋ⁴⁴	三¹²⁸⁵		tsɯ³⁵	仔²²⁴崽²²⁴
		四 画（30字）		ts'ɯ³⁵	此⁸⁶
(没)	ma⁵	没¹⁰⁶⁹		ts'ɯ²¹	翅⁵
(刀/力)	la⁴⁴	知⁷⁰⁴		tsɯə⁴²	池²
	la³³	泪⁴⁹¹虑⁵⁹立³²利¹⁵	(刀)	ti¹³	弟³⁵⁴
				tɯ⁴²	了³³⁷又读tie⁴²
				lau⁴⁴	刀¹⁷⁷

女书与汉字

	tai¹³	动¹⁰⁹	
	li⁴⁴	低⁸⁵	
	tai³³	洞⁶⁹	
	ti³³	第⁶⁹	
	lɯ⁵	得⁵⁶ 又读 ni⁵	
	tai⁴²	铜⁴⁸ 腾²⁵	
	tɕ'ie²¹	称⁴²(动词)又读tɕ'ie²¹	
	tsai⁴⁴	曾¹⁹	
	lai⁴⁴	灯⁷ 登⁵	
	lø⁴⁴	拉⁵	
	t'i²¹	替⁴	
	təɯ⁴²	驼³	
	lai³³	弄³	
	ti⁵	滴²	
	toŋ¹³	潭²	
	lai²¹	冻¹ 凳¹	
	tø¹³	待¹	
	lø²¹	带¹	
(世)	ɕi²¹	世³⁰⁶⁻²⁹⁸ 势⁷ 逝²	
		戏¹⁻¹⁹	
	ɕiaŋ¹³	上⁵	
	tsa³³	习²⁻²	
(夫)	fu⁴⁴	夫⁶⁷⁸ 傅¹	
(火)	fu³⁵	府⁴⁷⁴ 火¹¹⁴	
	pu³⁵	补⁹	
	pɯ¹³	妇²	
	fu⁵	幅¹	
(父)	fu¹³	父⁴⁹³ 妇⁷⁷ 又读pɯ⁵	
		贺⁶⁶ 祸⁶ 负³	
	fu²¹	富¹²⁸ 腐³ 咐² 付²	
		赋¹	

	fu³⁵	附⁵	
	hu¹³	户¹⁸	
	fu⁵	福¹⁸	
	fu³³	服² 伏¹	
	hu³³	互¹	
(主)	tɕyu³⁵	主⁷⁷ 煮¹² 矩¹	
	tɕy³⁵	举¹²	
(句)	tɕyu²¹	句⁷⁵	
	tɕya³⁵	嘴⁶	
(分)	fai⁴⁴	分⁴⁴³ 婚⁴⁷ 纷⁴⁶ 昏⁵	
		封¹	
	fai⁴²	魂³³ 坟⁷	
	fai²¹	睡⁴ 又读ɕya³³	
	fai³³	份⁵¹	
	fai³⁵	粉²⁰⁻³	
	fai¹³	粪³	
	paŋ²¹	扮⁸	
	faŋ⁴⁴	风¹	
	huoɯ³³	患¹	
(好)	hau³⁵	好(～歹)¹³⁵⁷	
	k'ou³⁵	口⁴⁷ 考¹	
	hai³⁵	肯³	
	hou³³	候²	
(斗)	lou³⁵	斗³³ 又读lou²¹ 抖²	
	lau²¹	到²	
(六)	liou³³	六⁴⁹⁰ 略⁶	
(交)	tɕiou⁴⁴	交⁴³² 州¹⁴⁶ 周⁵⁸ 洲⁴	
		求⁹⁵ 球² 筹¹	
	tɕiou⁴²	教⁸⁵ 救⁴⁴ 咒⁷ 较²	
	tɕiou²¹	究²	
	tɕiou¹³	舅⁵¹	

	tɕ'iou⁴⁴	抽³⁸ 丘¹
	tɕiu³⁵	纠²² 绞¹
	tɕiou³³	旧¹⁷ 昼¹
	tɕiu⁴⁴	娇⁵
（丑/手）	ɕiou³⁵	手⁴¹⁰ 首²³ 守⁶
	tɕ'iou³⁵	丑⁶⁷
（劝）	tɕ'yn²¹	劝²⁶⁶ 串¹
（方）	faŋ⁴⁴	方²³¹ 芳²¹⁷ 风³⁸ 封³⁵ 丰⁶
	faŋ⁴²	妨⁷ 逢¹
	fai⁴⁴	凤²⁷
	huouɯ⁴⁴	番³ 翻² 又音p'uouɯ⁴⁴
（亡）	vaŋ⁴²	亡¹³ 忘¹
（算）	saŋ³³	算²⁹² 丧⁷ 蒜²
	tsaŋ²¹	葬²⁶
（看）	k'aŋ²¹	看⁶⁰⁵ 炕⁰⁻¹
	k'au²¹	靠¹²⁸⁻²³
	k'ou²¹	叩⁸ 扣⁴
	k'aŋ³⁵	孔⁵
	k'aŋ⁴²	扛¹⁻¹
	k'aŋ⁴⁴	勘²
	k'aŋ⁴⁴/⁵	砍¹
	kaŋ²¹	杠¹⁻³ 贯¹ 杆¹ 干¹ 贯¹
（年）	nəŋ⁴⁴	年¹⁵⁰⁴
	nəŋ⁴²	侬⁴⁷⁸
	iŋ⁴²	然¹⁰
	nəŋ⁴²	燃¹
（天）	t'əŋ⁴⁴	天³⁹⁹⁻²¹¹⁻¹⁹⁵
	t'oŋ⁴⁴	贪⁴⁴
	t'aŋ⁴⁴	汤⁷ 通⁴
（并/其/井）	pioŋ¹³	并²⁶⁰
	pioŋ⁴⁴	兵³⁴
	tɕiu⁴²	朝²³ 又读liu⁴⁴ 桥¹⁷ 茄²
	tɕi⁴²	其²² 奇⁸ 棋⁵
	tsioŋ³⁵	井²²
	pioŋ⁴²	平¹¹ 瓶¹
	pəŋ²¹	变⁶
	p'ioŋ⁴⁴	拼²
	p'ioŋ²¹	聘³
	pioŋ²¹	豹¹
	tɕi⁴⁴	箕¹
（王）	ioŋ⁴²	王³²¹ 赢⁹ 荣⁴
	yn⁴²	完²¹⁶ 园¹²⁷ 元⁶⁶ 圆⁵⁶ 源⁴⁷ 缘⁴⁷ 原⁴⁷ 员¹⁴ 援¹
	vaŋ⁴²	玩⁴
	yn³⁵	院²
	yn³³	愿²
五	画	（54字）
（未）	va³³	位¹⁶⁷ 未⁶¹ 味²⁴ 谓³ 为（~什么）²
	va⁴²	为（作~）¹⁵
	uouɯ³³	万⁸⁰
	uouɯ⁴⁴	湾¹² 弯¹¹
	va⁴⁴	威⁵
	ŋu⁴²	我³(文读)
	ŋua³³	卫²
	ŋuɯ³³	外¹
（吹）	tɕ'ya⁴⁴	吹⁸⁴
（出）	ɕya⁵	出⁴⁸⁹⁻³¹²

女书与汉字

女书	读音	对应汉字
（内）	nie³³	内⁷⁰嫩²
（对）	lie²¹	对⁴⁶⁵兑²³队¹⁶碓⁵顿¹
	tɕ'yu²¹	处（~理）⁷
	lai²¹	凳³
（珍/金/今）	tɕie⁴⁴	金³⁶⁹⁻⁴¹真³⁵⁴⁻⁴⁰今³¹⁴ 又读tɕi⁴⁴襟¹⁰⁰⁻⁴⁷针⁷⁶珍⁶⁹斤³³贞¹⁴巾¹² 徵¹²斟⁹筋⁵
	tɕioŋ⁴⁴	征¹²惊²
	ɕie³⁵	沈¹
（㐱）	tɕ'ie⁴⁴	称（~重量）¹⁰
（亦）	ȵie⁴⁴	个²⁶⁸
	yə²¹	夜³⁷
	ȵie³³	要³⁷
	i³³	亦²
（义）	ȵie⁴²	银¹²⁴吟¹⁶
	ȵi⁴²	泥⁴
（依）	ie⁴⁴	阴³¹⁴因¹²⁸音³⁵姻²⁶殷³
	i²¹	意¹⁶²忆²
	y¹³	与¹⁵⁵裕³
	i⁴⁴	依¹⁴⁵医³⁶
	ø⁴⁴	衣¹⁰⁶
	ȵie³³	要¹⁰⁴
	i¹³	以⁷⁸已⁶³
	ie³³	吃⁷⁴任³孕³荫¹
	y⁴⁴	于⁶⁸
	iu⁴⁴	妖¹³腰²
	ȵy¹³	语¹⁰
	iu³³	药⁸
	vu⁴⁴	污⁸
	ɕi³³	系⁸
	y⁴²	如⁸儒¹
	i³³	叶⁵易⁴
	ie²¹	应⁵
	i⁴²	遗¹
	y³³	喻¹瑜¹
	iou²¹	幼¹
（义）	ie³³	吃⁹³⁻³⁶任⁰⁻³
（不）	mɯə¹³	不⁸²¹未⁶
（压）	vɯə⁵	压³⁷鸭⁵划¹
（他）	tɯə³³	他⁴⁵²又读t'u⁴⁴
	tɕ'yu⁵	曲¹²
	k'ua⁵	屈²垮²
（日）	vɯə³³	日²⁹⁴
	vɯə³³	会¹⁷
	vɯə⁴⁴	丫⁴
	iu⁵	约¹
	ȵie³³	要²
（之）	tsɯə⁴⁴	之⁴⁷滋⁶支⁵
（时）	sɯə⁴²	时⁶⁹⁹⁻³¹⁴匙²
	sɯə¹³	是²
（仕）	sɯə¹³	是¹⁹¹²氏²⁵⁶土¹⁸仕⁴
	sɯə³³	十²⁵²事⁹²实²⁶侍¹⁰
	sɯə⁴⁴	师¹⁸诗⁹尸⁸狮⁵
	sɯə²¹	视⁸赐⁶市³示²
	sɯə³⁵	史²
（己）	tɕi³⁵	几⁶⁶⁷己⁵⁶纪³⁷

		tɕy³⁵	主²⁸举¹²		yə²¹	夜⁴⁰
		tɕiu³⁵	缴¹爪¹		n̠ie³³	要⁹
	（起）	ɕi³⁵	起¹⁰⁸²喜¹⁸⁹		yə⁴²	匀¹
		tɕie³⁵	紧⁶¹枕⁹种⁷锦⁴肿⁴		tɕ'y²¹	去⁶⁸²⁻⁵⁹又读hu²¹翠²
		ɕiu³⁵	少⁶⁸又读ɕiu²¹哓²			趣²
		tɕ'i⁵	彻³		tɕ'i⁴⁴	欺²
		tɕyə³⁵	准³	（去）	tɕ'y³⁵	取²娶¹
		yə⁵	益³		tɕ'y⁴⁴	区¹
		tɕ'i²¹	砌¹		n̠y³³	月⁵¹⁵遇³³
		tɕioŋ²¹	境¹	（月）	ŋuɯ³³	外⁶⁷
		ɕi⁴⁴	嬉¹		n̠y⁵	月（月季花）²
		i⁵	一¹⁰⁶⁴		y⁴²	如⁵⁹⁰⁻⁸⁹⁻¹²又读i⁴²余¹⁸
	（壹）	i²¹	以³		i⁴²	移⁸
		i³³	叶²		iu³³	欲²
		liu⁴⁴	猪³¹	（如）	n̠y⁴²	愚¹
	（猪）	liu³³	绿³⁰料⁵		y¹³	与¹
		liu¹³	旅³		na³³	入¹⁻¹⁻⁰
		lu¹³	驴¹	（北）	puɯ⁵	拨⁴北³
	（尿）	n̠iu³³	尿³		pai³⁵	本³⁴
	（少）	ɕiu³⁵	少⁷³又读ɕiu²¹	（本 正）	piu³⁵	表¹⁶
		sau⁴⁴	稍²		tɕioŋ³⁵	整⁵颈²
		mu¹³	母²³²⁻²²⁴马⁷²⁻³²		ai⁴²	儿⁹⁴³而⁶
	（母）	mu³³	木³⁶⁻³目¹²墓⁴⁻⁴麦²⁻¹	（日）	na⁵	日⁸²⁸又读ai²¹入⁸⁸
		mu⁴²	磨³⁻²（~刀）麻¹⁻⁶		ai⁴⁴	恩⁴⁹
		mou¹³	亩²⁻¹牡⁵⁻²		ai³⁵	尔³⁹
		yu⁴⁴	又¹⁰⁰⁸文读亦⁸⁵²文读也⁷²文读		ie²¹	应¹⁰
	（亦）	iou³³	又⁹³⁵右⁴⁰佑¹⁵		lai⁴²	怜²⁶⁷林⁴⁵淋³⁶麟¹
		i³³	亦⁹⁰⁸	（怜）	lau⁴²	劳¹
		iu³³	若¹⁸⁰口拿⁶		liu⁴²	僚¹
		iou⁴⁴	忧¹⁵⁹		hau³⁵	好⁶⁰口¹
				（好）	hai³⁵	肯³
					kəɯ³⁵	搞¹

女书	音	汉字
（正/本）	pai³⁵	本²¹²⁻¹⁷⁸⁻⁹
	pou³⁵	打²⁸⁹
	tɕioŋ²¹	正¹⁵¹镜³¹政²⁴敬²¹竟¹
	tɕyn²¹	转¹³⁹⁻²⁻⁰卷¹⁰眷⁸
	tɕioŋ⁴⁴	正（~月）⁵⁰京⁹惊⁹
	tsoŋ³³	渐⁴¹
	pau³⁵	宝¹⁵保¹⁰
	tɕioŋ³⁵	整¹¹⁻⁴⁰⁻³颈⁵⁻²⁻²景⁰⁻²
	tɕie³⁵	诊³拯¹
	tsioŋ³⁵	井⁴
	tsoŋ⁴²	惭²
	tɕioŋ³³	警²
	tɕiaŋ²¹	帐²
	p'ai³⁵	品¹
	piu³⁵	表⁰⁻²⁻⁰
头（头）	tou⁴²	头⁴⁷³⁻⁶⁷投²³
	nau³⁵	脑²（训读）
	t'au²¹	套³
（流刘）	liou⁴²	流³⁷⁹留²⁴⁶刘⁵⁴榴⁹
	liou¹³	柳²⁶
	liou⁴⁴	溜³
（后）	iou¹³	後²¹²后²²
（坐）	tsəɯ²¹	做¹⁵⁶⁻¹⁴⁴
	tsəɯ¹³	坐¹⁴⁴⁻¹¹⁴
	tsou⁵	作¹⁴⁻⁶
	tsaŋ⁴⁴	综⁰⁻¹
（左）	tsəɯ³⁵	左³¹
	tsou³⁵	作¹
（生/山）	suoɯ⁴⁴	生⁷⁷⁵⁻¹²⁻⁹山²⁵⁹⁻⁰⁻³⁵
		甥⁶⁴牲¹⁵笙¹⁰衫¹
	səɯ⁴⁴	梭⁵
	sou⁴⁴	馊²
	ts'ø⁴⁴	腮¹
（反）	huoɯ³⁵	反⁵
（行）	huoɯ⁴²	行（~为）⁵⁵⁹⁻¹⁷⁸烦⁵³⁻¹⁴
		闲¹⁰⁻¹还（~原）⁶衡⁰⁻³
	hai⁴²	还⁷²红¹⁰洪¹
	siaŋ⁴⁴	相³⁹
	huoɯ¹³	杏³限⁰⁻¹幸⁰⁻¹
（忙）	maŋ⁴²	忙²⁹⁹茫⁹⁵蒙¹⁰盲²瞒⁴
	ma⁴²	眉⁴⁹迷⁵
	vaŋ⁴⁴	忘¹⁶又读vaŋ⁴²
	mi⁴⁴	眯¹⁰
	mai⁴²	毛¹
	muoɯ⁴²	蛮¹
	vaŋ³³	望¹
（光）	kaŋ⁴⁴	官²⁸⁹光¹⁴⁶⁻⁵（~亮）
		刚⁶⁴功⁴⁹肝³⁷冠¹⁹
		钢¹⁶干¹⁵冈¹⁵甘¹⁴
		棺¹⁴岗⁶缸⁴柑³
	kaŋ²¹	观⁶⁰⁻³冠¹⁸干³
	kai⁴⁴	公³⁷⁻¹
	kaŋ²¹	关²⁻²间²（中~）
	kaŋ³⁵	馆⁵赶²敢²管²感²广²杆¹
	haŋ²¹	烘²
	kuoɯ³⁵	减²
（谅/两）	liaŋ³³	谅⁴³⁻¹⁹亮⁵⁻²⁵量⁰⁻¹
	tɕiaŋ⁴⁴	张⁰⁻⁴¹
	ɕiŋ⁴⁴	伸¹
(天/割)	t'aŋ⁴⁴	汤²⁵
（讲/工）	tɕiaŋ³⁵	讲¹³⁴长⁷⁷掌⁷
	tɕ'you⁴²	撑⁴

（女）	ȵiaŋ^{42}	娘^{2129}			pø^{44}	跛^2
					pø^{42}	皮^2
（先）	səŋ^{44}	先^{196}仙^{155}鲜^{14}			pø^{33}	败^{1}拔^1
（边）	pəŋ^{44}	边^{442}鞭^1		（明/那）	no^{33}	哪^{384}
	pəŋ^{33}	便^{29}			mioŋ^{42}	明^{333}名^{330}鸣^1
	p'əŋ^{44}	偏^{24}			p'iou^{44}	抛^{17}
	p'əŋ^{21}	片^2		（来）	lə^{42}	来^{1586}
	pəŋ^{13}	辫^1		（在）	tsø^{13}	在^{1274}
（听）	ts'ioŋ^{21}	听^{583}			tsø^{21}	再^{369}载^{138}债^1
（平）	pioŋ^{42}	平^{73}瓶^{13}评^3			tsø^{44}	灾^{1}栽^1
	pioŋ^{35}	丙^1		（杀）	sø^{25}	煞^{92}杀^{89}刹^1
（见）	tɕiŋ^{21}	见^{707}建^{12}敬^5			sa^{35}	死^8
	tɕiŋ^{13}	件^{39}			vɯə^5	压$^{1-1}$
	tɕiŋ^{44}	占^{12}			ts'ø^{21}	插$^{1-1}$
六画（57字）					ts'ø^{35}	采$^{0-8}$踩$^{0-5}$
（笔）	pa^5	笔$^{93-54-6}$		（街/挂）	kø^{44}	街^{96}阶^{17}皆^9
（立/位）	la^{33}	泪^{416}虑^{155}立^{28}			kɯ^{44}	该^{50}
		厉^{10}利^{10}笠^4			kuø^{44}	乖^{36}
	li^{33}	厉^{10}（严~）			kuə^{21}	架$^{12-22}$价^{11}嫁$^{1-268}$
	la^{44}	知^9			kɯ^{35}	改^{10}
	lie^{42}	雷^3			k'ø^{44}	揩$^{6-6}$
（交）	tɕie^{35}	驰^{514}			kɯ^{21}	盖^3
	tɕiou^{35}	九^3			k'ø^{21}	介^2
（依/个）	ie^{21}	口个^{302}			kau^{21}	告^2
	p'ø^{35}	派^3			kuø^{21}	怪$^{1-23}$卦^{1}挂$^{0-28}$
（拜/被）	pø^{21}	拜^{187}沸^1		（快）	k'uø^{21}	快^{15}块^2
	pau^{21}	报^{55}		（亦）	yə^{21}	夜（过~）^{433}
	pa^{13}	被^{40}			iou^{44}	忧^{201}
	pø^{35}	摆^5			yə^{33}	运^{33}闰^2
	paŋ^{21}	放^4			yə^{13}	野^{10}惹^1
					iou^{33}	弱^7
					yə^5	益^2

女书与汉字

女书	读音	汉字
(白)	pɯə³³	白²¹⁸吧¹⁸¹
	pəŋ³³	便⁷
	pɯə³⁵	把²
	pəŋ²¹	变²
	p'ɯə³⁵	拍¹
(百)	pɯə³⁵	百²¹⁷伯¹⁸⁴柏¹⁵
	pɯ⁵	北⁴³拨⁵钵¹
	p'ɯə³⁵	迫²⁴拍¹⁵
	puoɯ³³	拨¹⁴
	p'ɯ⁵	泼⁵
(此)	sie³⁵	写¹²¹⁻⁶¹⁻⁷⁻²⁸
	ts'ɯə³⁵	此⁴⁶⁻⁸⁷⁻⁷⁴⁻⁰齿³
	ts'ie³⁵	且⁶⁻⁰⁻⁴⁻⁰
	ɕie⁴⁴	些⁴
	ts'ɯə²¹	刺²次⁰⁻⁶⁻³⁻⁰
	suoɯ³⁵	伞²省²
(气)	tɕ'i²¹	气⁶⁶⁰弃¹⁴契²
	tɕi²¹	既¹
(住/拄)	tsiu³³	住²⁴³
	tsiu⁴²	除⁹厨⁸樵¹
	tsiu¹³	柱⁶聚²
	tsu³³	助⁵
	tsiu⁵	足³
	tsu⁴²	茶¹
(何)	fu⁴²	何¹³⁰⁻⁹³和¹⁵⁻⁴蝴¹⁰荷⁶芙²胡⁷扶²
	hø⁴²	鞋³⁹
	ts'i⁴⁴	凄³⁴妻⁷
	hau⁴²	豪²⁶⁻¹²毫²⁻¹⁹⁻¹⁹耗²
	hou¹³	厚⁰⁻¹
(古)	k'u³⁵	苦¹⁰⁵⁻⁶⁵⁻⁶⁰虎¹⁵⁻³⁻²
	ku³⁵	古¹⁰¹⁻⁰⁻⁶果³³鼓²³股⁵
	hu⁴²	湖²又读fu⁴²
	hu⁴⁴	枯¹⁻⁰⁻²⁵
	ku²¹	故¹过¹固¹
(哭)	hu⁵	哭⁵⁹²
	u⁵	屋¹¹
(無)	vu⁴²	无¹¹⁷³禾³⁹和⁶
	mø³⁵	嬷¹⁶
	vu¹³	武¹¹雨⁹
	vu⁴⁴	乌²
	ŋu⁴²	鹅¹
(白)	pɯ¹³	妇¹³⁸
	pɯ²¹	背¹¹⁰又音pɯ³³
	pɯ⁴⁴	杯⁷³
	p'ɯə⁶³	怡³帕⁹
	p'ɯ²¹	配⁴⁷
	pəŋ²¹	变¹⁹
	p'u⁵	卜¹¹
	pɯ⁴⁴	赔⁹陪⁴培²
	pɯ⁵	拨⁷
	pɯə²¹	拍⁶
	p'ɯə³⁵	聘⁵
	p'ioŋ²¹	霸³
	pɯə³⁵	把¹
(华)	fɯ⁴²	回⁶⁴¹⁻¹⁶⁴
	fɯə⁴²	华²⁷⁻⁴⁴
	fi²¹	费¹
(割)	kɯ⁵	割⁶³⁻⁴³葛²
	vø³³	滑⁰⁻⁴物⁰⁻²
(开)	hɯ⁴⁴	开⁷⁹⁵⁻²孩²⁴
	hɯ³³	害¹⁵
(门)	mai⁴²	门⁸¹⁶又读mai²¹
		闻(耳~)¹¹²民⁹⁶

第六簪

	mai²¹	闻（嗅）³⁰		sɯ³⁵	所²⁰³又读su³⁵锁¹⁴
	mau⁴²	毛¹⁸	（所）	ts'əɯ³⁵	吵⁴
	mai⁴²	眉⁴		tsu³⁵	祖³
	sɯ⁵	色¹⁸¹塞²		ləɯ⁴⁴	多⁵⁴²
	sɯə¹³	是¹⁴²		ləɯ³³	落¹²⁶洛³
（色/始）	sɯə³⁵	始⁷⁵使⁴⁵又读sɯə²¹	（多）	luoɯ⁴⁴	单¹¹丹¹¹
	tsai⁴⁴	曾²⁵		nəɯ³³	闹²
	tsɯə³³	侄²		ts'ɯə²¹	刺²
	ɕyə⁵⁵	适²	（炭）	t'uoɯ²¹	炭³
	siou⁵	宿¹		uoɯ³³	万¹⁰⁶
（吞）	t'ai⁴⁴	吞¹⁰	（万）	uoɯ³³	弯⁵湾²
（心）	sai⁴⁴	心¹⁷³⁹新⁷⁴辛⁴⁸森⁶		va³³	位¹
	sai⁴⁴	心¹¹⁷新²		kɯ⁵	国⁹⁷
（心）	iŋ²¹	你³		kuə²⁵	隔⁶⁶格¹²甲⁵
	mai¹³	悯¹	（甲）	kuə²¹	寡²⁸又读kuə³⁵
（讨）	t'au³⁵	讨⁷		tɕyə⁵	隻¹³
	lau²¹	到¹⁴²⁵		ku³³	股⁷果²
	lau¹³	老²⁷⁴		kəŋ³⁵	滚³
（到/汪）	lau³⁵	倒²⁶		kuə⁴⁴	嘉²
	vaŋ⁴⁴	汪¹⁴		kuə³⁵	价²
	lou³⁵	斗¹¹	（外）	ŋuɯ³³	外²²
	tau¹³	道⁷稻²		vai³⁵	稳¹
	lai²¹	凳³		tɕyn⁴²	全⁴¹⁴传²⁶⁸又音tɕyn¹³
	lau²¹	到²⁵⁸	（全）		权¹⁸泉⁴
（老/比）	lau¹³	老⁹⁷		tɕioŋ⁴²	程¹²⁹呈²
	lai²¹	凳³		tɕiŋ⁴²	乾³缠²
	kou³³	搁²⁴阁³		tɕyou⁴²	拳²
（割）	kuaŋ³⁵	罐¹		tɕie⁴²	沉²
	ɕiou⁴⁴	休¹⁷³收¹¹⁸		yn³⁵	院⁶⁶苑¹
（休）	ŋaŋ³³	岸⁵	（映/分）	ȵioŋ²¹	映¹⁵
				ȵioŋ³⁵	影⁷
				vaŋ⁵	柱⁶

女书与汉字

（王）	vaŋ³³	望³¹⁴
	vaŋ⁵	枉¹⁵
	vaŋ¹³	妄⁷
	vaŋ⁴⁴	汪⁶
	vaŋ⁴²	忘²
（庄）	tsaŋ⁴⁴	妆¹¹⁷庄⁴⁸装²⁶宗²⁰桩⁸
	tsaŋ⁴²	床¹⁰³藏⁶
	tsəŋ³³	状³⁹撞¹³
	ts'əŋ³⁵	浅⁵
（双）	saŋ⁴⁴	双⁶⁴⁸霜¹²¹桑²⁰酸⁷丧⁵又音saŋ³³栅¹
（中）	tɕiaŋ⁴⁴	中¹¹¹²章²⁰⁰江⁸⁵终⁷⁹张⁷²恭⁶⁵宫⁵³姜⁸忠⁶
	kaŋ⁴⁴	刚¹¹¹钢¹公¹
	tɕyn⁴⁴	专²
	tɕiaŋ³⁵	涨¹
	tɕiaŋ³³	共¹
（孔）	k'aŋ³⁵	孔⁸
（用）	iaŋ¹³	养³⁴⁷
	iaŋ³³	样³²⁴用¹⁰⁹让（~步）¹
	iaŋ⁴⁴	央⁴⁴
	iaŋ²¹	让（~你去）¹¹
（田）	təŋ⁴²	田²
	təŋ³³	垫²
（念）	nəŋ³³	念²¹⁴验¹¹砚⁹炼⁵
	nəŋ³³	闹¹³¹怒¹²
	no³³	哪¹⁶又读nəŋ³³
	ləŋ³³	炼¹⁴练⁵
	ləŋ²¹	艳¹¹
	nɯ⁵	□们⁴

	n.ie³³	内³
	nəŋ⁴²	侬²
	ləŋ⁴⁴	联¹研¹
（并）	pioŋ³³	病¹⁵⁴
	pioŋ⁴⁴	兵⁸⁵
	p'ioŋ⁴⁴	拼⁵
	p'əŋ⁴⁴	篇¹
（命）	mioŋ³³	命⁴⁵²
（成）	ɕioŋ⁴²	成³⁹⁰⁻²城⁴²凡²⁴诚⁵
	ɕyn⁴²	船⁸³悬²盛¹
（圣）	ɕioŋ²¹	圣²²
（言）	n.iŋ⁴²	言⁷⁹⁵
	iŋ⁴²	然⁴⁰
（五）	ŋ¹³	五⁵⁰³⁻¹¹⁸⁻⁰
	ŋ²¹	暗²⁰⁻²⁻⁰案⁶
	ŋu⁴²	我¹⁴
	va³³	位¹
	ŋ³⁵	碗⁰⁻⁰⁻⁵
	iu⁴⁴	邀⁰⁻²⁻⁰
	ŋuɯ⁴²	颜⁰⁻⁰⁻¹⁰岩⁰⁻⁰⁻⁷
	ŋuɯ³³	硬⁰⁻⁰⁻¹
七 画(47字)		
（早）	tsa³⁵	姊⁶¹¹
	tsou³⁵	走³³⁹澡⁷
	tsau³⁵	早²²⁵
	tsouɯ³⁵	盏¹⁸
	tɕyə³⁵	者²
（四）	sa²¹	四⁸¹⁷⁻⁵³
	suoɯ²¹	散⁶³⁻¹⁸
	sø²¹	晒¹¹
	sou²¹	瘦⁴

	sau^{21}	扫^2
（归）	kua^{44}	归^{611}规^{18}龟^1
	kuoɯ^{44}	关^{19}
（瓜）	kua^{35}	鬼^{32}癸^{5}诡^3
（热/业）	ni^{33}	热^{134}逆^{8}业^{7}孽^3
	ni^{42}	泥^2
（申）	ɕie^{44}	身^{1433}深^{148}升^{57}申^{21}伸^{14}兴^{11}
	ɕie^{33}	剩^{11}
（派）	p'ø^{35}	派^4
（怀）	fø^{42}	怀^{22}
（见）	lø^{35}	倈$^{246-167}$
	lø^{21}	辣^2
（在）	ts'ø^{21}	菜^{41}蔡^1
（衣）	ø^{44}	衣^{93}
（花）	fɯə^{44}	花^{843}蝦^{14}
	fɯə^{33}	话^{91}画^{4}夏^4
	fɯ^{44}	灰^1
	fɯ^{21}	悔^1
（字/制）	tsɯə^{33}	自^{565}字^{156}寺^{11}
	tsɯə^{44}	之^{166}枝^{55}脂^{4}姿^{3}滋^{3}兹^{2}支^{1}资^1
	tsɯə^{35}	只^8
	tsɯə^{33}	贼^5
	tɕi^{21}	制^4
	tsɯ^5	则$^{0-1}$
（切）	ts'i^5	切^5
（妾）	ts'i^5	妾^3
（西）	si^{44}	西$^{127-5}$犀^2
	ts'i^{44}	凄$^{54-3}$妻$^{7-7}$
	siu^{44}	消$^{71-11}$肖$^{49-55}$宵$^{10-1}$
	ɕiu^{44}	逍^{48}
	hau^{42}	毫^{19}
（合）	fu^{33}	合^{172}服^{74}伏^1
	vu^{33}	务^8
	hu^{44}	喝$^{2-6}$
	fu^{21}	付^{3}赴^1
（在/差）	ts'ø^{44}	差^{3}猜^1
（未）	ŋu^{13}	我^{2193}文读午^{26}
	ŋu^{35}	瓦^2
（秀）	ɕyu^{44}	书^{665}
	ɕy^{44}	输^{6}舒^2
	ɕyu^{33}	树^{4}赎^3
	siu^5	粟^1
（取/处）	tɕ'yu^{21}	处（~理）^{28}又读tɕ'y^{35}
（泊/迫）	p'ɯ^{21}	配^{87}譬^{5}佩^1
	p'ɯ^{35}	迫^{24}
（坟）	fai^{42}	坟^{8}魂^2
（尽）	tsai^{13}	尽^{430}
	tɕian^{13}	重(~量)^{51}又读tɕian^{42}
	tsai^{21}	进^{39}
	tsi^{21}	祭^4
	tsau^{13}	皂^3
	tɕian^{35}	讲^{2}长^2（生长）
（楼）	lou^{42}	楼^{719}
	lau^{42}	劳^{51}
	ŋou^{42}	牛^{20}

女书与汉字

女书	读音	汉字
（包）	piou⁴⁴	胞⁸¹包⁵⁹
	piou⁵	剥¹⁷
	piou³⁵	饱⁹
	p'iou⁴⁴	抛²
（卯）	miou¹³	卯¹⁰
	miou⁴²	苗³茅²
	iou¹³	酉³
（作）	tsou⁵	作²⁶
	tsəɯ³³	座⁷浊¹
	tsou³³	昨²
（去）	tɕ'iou²¹	臭²
（如/肉）	ȵiou³³	肉⁴⁴⁻⁷又读v'u³⁵
（有）	iou¹³	有¹⁵²⁸友²⁵酉⁷
	iou²¹	幼⁷³
	y¹³	与²
（喊）	huoɯ²¹	喊¹⁷
（耕）	kuoɯ⁴⁴	间²⁴更¹²耕⁴
（难）	nuoɯ⁴²	难⁵⁸⁹又读nuoɯ³³
	nɯ⁵	囗们⁵⁵²又读ni⁵nu⁴²
	nai⁴²	能⁶⁶
（常）	ɕiaŋ⁴²	常⁹¹裳⁶⁸尝¹⁷雄⁸⁻²偿⁴熊¹
	naŋ¹³	暖⁸
（伴）	paŋ⁴⁴	般³⁶⁰帮²⁹搬¹⁶
	paŋ²¹	伴¹⁵¹⁻¹⁵⁻⁴半⁹⁶
	p'aŋ²¹	半⁹³放⁸⁵⁻⁶⁻⁰又读faŋ²¹
		判⁶胖¹
	tɕyø⁵	啄⁰⁻⁰⁻³（训读）
	paŋ³³	饭⁰⁻⁷⁻³³⁻⁰
（郎）	laŋ⁴²	郎³²⁸⁻²⁶狼⁴
	laŋ³⁵	短²⁶朗³党²挡²
	laŋ⁴⁴	当¹⁵端⁶
	taŋ¹³	断¹³⁻⁵
	lai²¹	栋¹
（你）	aŋ²¹	你(白读)⁸¹⁷
	nau¹³	恼²
（松/休）	siaŋ⁴⁴	相³⁴⁷箱⁵⁷松¹⁷镶⁵
		湘⁵厢²
	ts'ou²¹	凑¹
（长）	tsiaŋ⁴²	长⁵²⁶从⁷²详³⁰墙²⁴祥⁷
（将/象）	tsiaŋ⁴⁴	将¹³²⁻³³⁻¹⁰⁹又读tsiaŋ²¹
		(大~)浆¹²⁻¹⁰⁻³纵²⁻⁶⁻⁴
	tsiaŋ³⁵	蒋³⁻³⁻¹
	tsiaŋ³³	匠³⁻²⁻⁵
	tsiaŋ¹³	像³⁻¹³⁻³³丈⁰⁻¹⁰⁵⁻¹
	siaŋ⁴⁴	相⁰⁻¹⁶⁻¹
（羊）	iaŋ⁴²	阳¹⁶¹⁻⁵容⁶⁷⁻¹羊⁴⁸
		杨²²扬¹⁴洋²蓉²
		绒²融
	paŋ¹³	伴¹⁰
（请）	ts'ioŋ³⁵	请³⁶²
	lioŋ³⁵	顶¹
	tɕiŋ²¹	见¹颤¹
（声）	ɕioŋ⁴⁴	声⁵⁰⁸兄¹⁸⁷
	tɕ'ioŋ⁴⁴	清¹⁵
（令/伶）	lioŋ⁴²	灵¹⁵宁²零²龄²
	lie³³	论³
（形/显）	ɕiŋ³⁵	显¹⁸险²掀¹
	ɕiŋ²¹	扇⁹

	ɕiŋ³³	现⁶		tsu³³	宅⁹助²
（扯/托/牵）	tɕ'yə³⁵	扯（~二胡）⁶⁻²蠢¹	（甲）	kuə³⁵	假⁴⁷寡⁶
	t'əɯ⁵	托⁵		kuə²¹	价¹驾¹
	tɕ'iŋ⁴⁴	牵²⁻⁵		yə⁴²	爷⁶⁴⁰⁻¹³云⁶⁷⁻¹匀²³
	t'əɯ⁴⁴	拖¹	（爹/爷）	vu⁴⁴	乌³⁶污¹
	八	画(62字)		tie⁴⁴	爹⁷
	la¹³	理¹¹⁴裏⁸¹鲤⁶³里⁶⁰李（姓）²⁴履¹		u⁵	屋²
（里）	lai⁵	李（~子）⁵		pɯə³⁵	把²⁹⁵
	luoɯ¹³	懒²旦¹	（比）	pa³⁵	比²⁸⁵彼³
	ɕya⁴²	谁¹⁸¹垂⁹⁸		pau³⁵	宝³¹保³⁰
	su²¹	诉⁴⁷数³⁷		puoɯ³⁵	板²⁰
（谁/垂/岁）	ɕya³³	睡²⁴述²⁰		pie⁵	壁¹³
	tɕya⁴²	随²⁴		pa¹³	被¹⁰婢⁴
	ɕya⁴⁴	虽¹¹		pø³⁵	摆⁷
	ɕy²¹	岁⁵⁻¹⁶⁴婿⁰⁻¹⁰		paŋ³⁵	榜⁶
	fi²¹	费⁵		puoɯ⁴⁴	扳³
	ɕi⁴⁴	稀⁵	（哑）	vɯə³⁵	哑³
	ɕya⁵	出⁵		ɕyə⁴⁴	孙²⁸⁵靴¹
	su⁵	撒¹		ɕyə³³	石¹²³顺⁴⁸射³
	tɕyn²¹	卷⁷	（声）	ɕyə¹³	社³⁴
	tsø⁴⁴	灾¹		ɕyə²¹	逊¹⁵训¹⁵舍¹⁰赦⁷
（非）	pø⁴²	排²⁶		tsioŋ⁴²	停⁹
	p'a⁵	匹¹⁻³		ɕyə³⁵	笋¹
	nø³³	奈⁴⁴耐久²⁹		t'i⁵	铁¹³
（奈）	p'iou⁴⁴	抛⁴²	（踢/色）	t'ɯ⁵	踢⁴
	no³³	哪⁸		t'u⁵	贴²
	nu³³	挪¹		tsi⁴²	齐⁹⁸
（开/胎）	t'ø⁴⁴	胎³¹		tɕiu⁴⁴	娇³⁵
（家）	kuə⁴⁴	家²²²⁸加⁷¹瓜²⁵佳⁵	（齐/尽）	i⁵	抑⁷
				tɕiu³³	著⁴
				tsi²¹	祭⁴济¹

女书与汉字

女书	音	汉字
	tsuoɯ⁴⁴	争²
	tsai⁴²	秦²
	tsuoɯ⁴²	残²
	ts'oŋ³⁵	惨²
	tɕi⁴⁴	鸡¹
	tsai²¹	尽¹
香（齐/尽）	tsi⁴²	齐¹²⁹
	tsai⁴²	尽³⁵层¹⁹蚕¹
	tsiu⁴²	樵¹⁹进⁵
	ts'ø³⁵	采⁵
	tsai³³	赠²
	tsiu⁴²	调¹
	tsø⁴⁴	斋¹
〔计〕	tɕi²¹	记¹⁰⁵⁸计²⁶季¹⁸寄¹⁷跽³继¹制¹既¹
	tɕiu³³	叫¹³⁶
	tɕiu²¹	照¹³⁵兆¹
	tɕiu¹³	赵⁵¹
	tsuoɯ³³	站¹⁰
	tɕi³³	及⁸忌⁴直¹植¹及¹
	tɕiŋ⁴⁴	占⁶
	tɕy²¹	桂⁵注²
	tɕi³⁵	纪⁴
	ɕy³⁵	绪²
〔赵〕	tɕi²¹	记²²寄⁴
	tɕie³⁵	种¹⁹
	tɕiu²¹	照¹⁶
	tɕiu¹³	赵⁷
〔跳〕	ts'iu²¹	跳⁸
	t'i²¹	剃³替¹
〔步〕	pu³³	步²⁰⁸薄¹¹⁰
	pu⁴²	婆¹⁷⁵蒲⁸
	p'u²¹	破⁴⁷铺（店~）⁷
	pu¹³	抱³⁷部³²抱³⁰簿⁷
	pu⁴⁴	夫¹⁶玻²晡²
	pu²¹	布¹³
	pu⁵	腹¹⁰博²
	p'u⁴⁴	铺⁵
	pu³⁵	补²
	p'u³⁵	甫¹
	p'u⁵	扑¹
〔腹/火〕	pu⁵	腹¹⁰
	pɯ⁵	斧¹
〔茶〕	tsu⁴²	茶⁴⁰查¹⁶锄¹⁰搽⁴
	tsu²¹	诈¹³炸³
	ts'uoɯ²¹	衬¹
	tsu³³	择¹
〔过〕	ku²¹	过⁸⁵⁵⁻¹顾³⁴⁻⁷故²
	kɯə²¹	的⁴⁶
	pi⁵	逼¹⁹
	kuoɯ²¹	更¹⁵
	kɯ²¹	盖⁹⁻¹⁰
	kau²¹	告⁵
	vø³³	物³
	lø²¹	辣²癞²赖¹
	ts'ie⁴⁴	推⁰⁻²
〔主〕	tɕyu⁴⁴	珠¹¹³⁻¹⁸朱¹²⁻¹
	tɕyu³³	具⁶拄⁴
〔玉〕	ȵyu³³	玉¹¹⁷
	uoɯ¹³	往²⁶
	iu³³	欲²
	vu⁴⁴	窝²
	tɕyə³⁵	准¹

(取)	tɕ'y³⁵	取³¹⁰娶¹⁰⁸		(草)	ts'au³⁵	草³¹
	tɕ'yu²¹	处⁷（住~）			ts'ɘɯ³⁵	吵⁴炒⁴楚²
	tɕ'i³⁵	岂⁴启²			t'au³⁵	套¹
(舍/害)	huɯ³⁵	海¹²⁸害⁴		(帽)	mau³³	帽⁴冒¹
	ɕyə³⁵	捨¹¹⁶笋⁷损⁴			/mou⁴⁴	
	ɕyø⁵	耍⁴³		(各)	kou⁵	各⁷²阁¹⁰搁³
	ɕyə²¹	舍¹⁵舜¹			ou⁵	恶⁵⁸
	tɕ'yə³⁵	扯¹¹			kou²¹	个⁴
(品)	p'ai³⁵	品⁴			hu⁴⁴	喝¹
(慢)	mai³³	问（~他）¹⁷²⁻¹⁴⁹		(中/袖/坤)	tsiou³³	就⁵¹⁵袖²
	muoɯ³³	慢⁸¹⁻⁷⁰孟¹⁵⁻¹³			tɕiaŋ³³	共²⁸³
	mi¹³	米⁶⁶⁻²²			tsaŋ³	总³
	mu³³	莫¹⁸⁻⁸麦²			tɕiou⁴²	绸³
	y¹³	与¹⁵⁻¹³又读mi⁵			k'uai⁴⁴	坤²
	mai¹³	每¹⁰⁻¹⁵又读məŋ⁵（猪~，母猪；树~，树）		(秋)	ts'iou⁴⁴	秋⁸²
	ma³³	蜜⁴			ts'iou⁵	畜²
	mi⁴⁴	眯²		(修)	siou⁴⁴	修³¹¹羞⁵
	miu³³	庙¹妙⁰⁻¹		(祝/觉)	tɕiou⁵	祝⁴⁵觉⁴⁰角²⁸粥²
	mø¹³	买⁰⁻³		(鱼/油)	iou⁴²	由¹⁴²游⁴⁸油²⁴犹¹⁷尤³柔²
	mou⁴⁴	帽⁰⁻³又读mau³³			ŋu⁴²	鱼⁹⁸衔²³鹅¹⁵牙⁹芽渔¹娥¹
	ma¹³	美⁰⁻²			vu⁴²	吴¹
	mou⁴²	谋⁰⁻¹		(寿)	ɕiou¹³	受¹⁸⁶授⁴效⁴校¹
	mai³⁵	闷⁰⁻¹			ɕiou²¹	孝¹¹⁶⁻²
(等)	lai³⁵	等⁴			ɕiou³³	学¹⁰⁵寿⁴⁰⁻¹熟²
(信)	sai²¹	送⁴³¹信¹⁵⁹讯¹⁰宋⁸			ɕiou⁴²	仇¹⁴⁻¹酬²
(红)	hai⁴²	红²²¹洪²鸿²		(滩/炭)	t'uoɯ⁴⁴	通⁵
					t'aŋ⁴⁴	滩³

女书与汉字

女书	读音	汉字
（奉）	faŋ[13]	奉[181]
	faŋ[21]	放[95]又读paŋ[21]
	haŋ[21]	唤[2]焕[1]
（枉）	vaŋ[5]	枉[43]
	tsu[35]	祖[12]
	vu[44]	窝[2]又读u[44]
	vaŋ[42]	亡[2]
	ȵioŋ[21]	影[2]~□（扭伤）
（当）	laŋ[44]	当[475]端[1]
	kɯ[5]	割[1]
（双）	ts'aŋ[44]	聪[20]窗[18]餐[21]窗[8]又读saŋ[44]苍[5]仓[2]
	tsaŋ[21]	葬[8]
	laŋ[44]	当[7]
	tsiaŋ[44]	枪[3]
	taŋ[44]	堂[2]
	ts'əŋ[44]	迁[2]
	tɕ'iaŋ[44]	腔[1]
	ts'iaŋ[35]	抢[1]
	sai[44]	参[1]
	t'aŋ[44]	汤[1-13]通[1]
（砍）	k'aŋ[5]	砍[14]
	/k'aŋ[44]	
（空）	k'aŋ[44]	空[225]又读k'aŋ[21],hai[44]康[15]堪[5]
	k'uaŋ[44]	宽[81]
（良）	liaŋ[42]	良[169]量[168]粮[90]龙[80]凉[67]梁[62]樑[26]隆[1]
	liaŋ[33]	量（数~）[143]亮[40]
（香）	ɕiaŋ[44]	乡[388]伤[139]商[64]香[64]胸[1]
	ɕiaŋ[33]	尚[7]
	ɕiaŋ[13]	上（~山）[1]
（点）	nəŋ[35]	点[304]典[6]
	nəŋ[33]	念[141]
（连）	ləŋ[42]	连[274]莲[24]
	səŋ[21]	线[53]
（男）	noŋ[42]	男[191]南[92]
	naŋ[42]	农[24]
	luoɯ[42]	兰[4]
	loŋ[42]	笼[4]蓝[1]
（但/担）	loŋ[35]	胆[12]
	tuoɯ[13]	但[6]
	t'oŋ[35]	坦[1]
	loŋ[21]	担[0-32]
（冷）	lioŋ[13]	冷[277-70]岭[42-2]领[9]
	lioŋ[33]	另[18]令[6]
	lioŋ[44]	丁[14]钉[5]
	lioŋ[42]	灵[12]宁[2]龄[1]零[1]
	sioŋ[33]	醒[1]
（定/正）	tsioŋ[13]	静[159]
	tsioŋ[33]	定[58-19]净[5-8]
	tsioŋ[44]	精[15]晴[4]
（清/）	tsioŋ[42]	情[254-76]停[118-32]廷[24-5]亭[10]庭[9]晴[1]
	ts'ioŋ[44]	清[148]青[146]厅[79]
	ts'ioŋ[35]	听[5]
	ts'ioŋ[21]	请[2]
（星/参）	sioŋ[44]	星[92]
	sioŋ[21]	性[26-1]姓[25]
	ts'oŋ[44]	参[0-0-7]
	tsoŋ[44]	簪[1]
（经/正）	tɕiŋ[44]	经[76]坚[5]兼[4]肩[2]占[1]
	kai[35]	粳[3]

（在/全）	ts'ø⁴⁴	钗²¹ 差¹
	tɕiŋ⁴²	缠⁴ 乾（～坤）³
	tɕyn³⁵	卷³
	tɕyn⁴⁴	捐³
（缠）	tɕiŋ⁴⁴	沾⁴
	tɕiŋ⁴²	缠¹
	tɕiŋ³⁵	展¹ 捡¹
（贤）	ɕiŋ⁴²	嫌⁹⁰ 贤⁶⁴ 形⁵⁰ 刑²
	ŋou¹³	藕⁴⁻¹
	nau¹³	恼⁴
（你）	iŋ²¹	你⁵⁴²⁻¹¹ 燕¹³⁻⁴ 咽¹
安（安）	ŋ⁴⁴	安¹⁶⁰⁻¹⁴⁰⁻⁴⁶ 鞍⁷⁻¹¹⁻⁴
		嗯⁵ 庵¹
	ŋ³³	饿³⁴⁻¹³
	ŋ`³⁵	碗¹⁶⁻⁴
	ŋu³³	误²
	ŋ⁴²	磨（～刀）¹
	九	画(42字)
（為）	va⁴²	为（作～）¹⁴⁹⁻⁶⁶⁻³⁴
		唯²²⁻³⁻² 围¹⁷⁻²⁻⁶ 微¹⁰
		违¹ 维¹ 违²
	va³³	为（～什么）²⁰ 伪¹
（死）	sa³⁵	死²⁹¹
	tsɯ²¹	做²⁷⁶
	tsɯ¹³	坐⁶¹
	tsou⁵	作⁴
（雷）	lie⁴²	雷¹⁰
（退）	ts'ie²¹	退⁶

（昔）	sie⁵	惜⁴⁵⁻⁸ 锡⁶ 昔²
	tsie⁵	积⁹⁻² 绩⁴
	tsie²¹	借²
	tsɯe³⁵	指¹
（隐）	ie¹³	我（白读）⁷⁶³ 又读u¹³
	ie³³	引⁷⁰ 任⁹ 吃²
	ie²¹	应¹⁵
（尾）	mø¹³	买⁴⁹⁻²² 尾⁴⁴⁻²⁵
	mø³⁵	孃¹⁰⁵⁻⁹⁶ 奶¹⁶⁻⁴ 又音nø¹³
	va³⁵	萎⁴
	mø⁴²	埋²
	p'u³⁵	铺²
（带/举/推）	lø²¹	带¹²
	tsɯ⁵	捉¹⁰
	tɕy³⁵	举⁴⁻³
	ts'ie⁴⁴	推⁰⁻⁰⁻²
（春）	tɕ'yə⁴⁴	村¹⁷⁹ 春¹⁶² 车²⁰
	tɕ'youʅ⁴⁴	撑¹⁶
（离/别）	pi³³	别¹⁹⁷⁻⁷
	la⁴²	离¹⁶²⁻¹²⁶ 厘¹¹ 篱⁹ 璃¹
	ləɯ⁴²	罗⁹²
（梯）	ti⁴⁴	梯⁴
（结）	tɕi⁵	结³³³ 急¹⁴⁰ 职²⁵ 级¹⁹
		折¹⁷ 吉¹² 织¹⁰ 击⁶
		劫² 执² 吸¹ 洁¹
	tɕiu⁵	脚²⁰⁶ 菊¹⁴ 酌⁴
	tɕy⁵	决¹⁴
	tsioŋ⁴²	情⁹
	tɕyu²¹	句³
	tsɯə⁵	汁¹
（火/合）	fu²¹	富⁷ 祸¹
	fu³⁵	附⁹
	fu¹³	妇¹ 负¹

女书	读音	对应汉字
（土/吐）	tʻu³⁵ tʻu⁵	土²⁸ 塔¹
（合）	hu⁴² huoɯ²¹ hø³³ tɕʻi⁴⁴	河²²⁻⁹⁻⁵ 喊²⁻¹ 匣² 溪²
（着）	tɕy¹³ tɕiu³³ tsie²¹ tsəɯ²¹ liu⁵ tsɯ¹³ tɕyə⁵	著¹¹⁶惧¹ 着⁶⁵ 借¹⁴ 做⁹ 着（~衣，穿）³ 祀¹ 菌¹
（血/雪/食）	çy⁵ çi⁵ nau¹³ tsʻɯə²¹ ŋou¹³ nau¹³ nau³⁵ ou³⁵ ȵy¹³	说⁴⁷⁷⁻¹⁹¹雪⁶⁸⁻²⁰血¹¹ 设⁴⁰⁻²⁷识¹⁸歇³室¹ 恼⁸ 翅⁸⁻⁷ 藕⁶ 恼² 脑² 呕² 语²
（陪）	pɯ⁴² pai⁴² puoɯ⁴² faŋ²¹ fou⁴²	陪³⁶⁶赔¹ 贫¹⁰³朋²⁰蓬¹ 盆²⁹ 逢¹⁹ 浮⁶又音pau⁴² 袍（~子）³
（刻）	kʻɯ⁵ iŋ⁴⁴	刻¹⁰⁹⁻²³⁻³ 烟⁹
（東）	lai⁴⁴ li⁴⁴ lai³³ tu³³ lai⁴²	东⁹²灯⁶²登³⁷冬²⁷ 低⁸ 弄⁴ 独¹ 临¹
（新）	sai⁴⁴	心²⁰³新³⁸辛⁴
（焦）	tsiu⁴⁴ hai⁴² tɕy¹³ tɕiu³³ liu⁵ tsou²¹	焦²¹⁵蕉⁷椒² 红¹⁹⁰ 著⁷ 着² 着（~衣，穿）¹ 皱¹
（愁）	tsou⁴² tsɯ²¹ tɕie⁴² tɕʻyoɯ⁴⁴ tɕie¹³ tɕi²¹ tɕɯe¹³ tɕie³⁵ tɕie²¹ tɕie³³ tɕi⁵ tsau⁴² lie⁴⁴ tsau⁴⁴ tsø⁴⁴	愁²¹⁸⁻¹²⁷ 至⁴¹志¹⁷智⁵ 穷沉³⁶勤²⁶尘¹³陈¹⁰琴³芹¹ 撑¹⁶ 近¹¹⁻⁹ 制¹⁰ 似⁸治¹ 种（又读tɕie²¹）⁶ 种⁴证⁴镇³禁¹ 阵³ 髻³ 曹² 堆¹ 遭¹⁻¹ 栽¹
（死/嫂）	sau³⁵ suoɯ³⁵ tsʻuoɯ³⁵ kuoɯ³⁵	嫂¹⁹³ 伞¹⁴⁻²省⁸ 产¹³又音suoɯ³⁵ 减²

字符	读音	对应汉字
（号）	hau³³	号⁴
（牛）	ŋou⁴²	牛⁷¹
（欧）	ou⁴⁴	欧¹⁰
（酒）	tsiou³³	酒⁹
（叔）	ɕiou⁵	叔¹¹¹ 法¹⁶
（有）	n̠iou¹³	咬⁹
（英）	yn⁴⁴	英⁹¹
（但）	taŋ⁴²	同⁴⁹⁹ 堂⁴²⁸ 团²⁵⁸ 塘⁵¹ 童⁴¹ 棠²⁹ 唐²⁵ 谈³
（但）	ta³³	地²⁰⁹
（但）	tɯ⁴²	桃（~子）³¹ 萄¹
（但）	tau⁴²	桃（~川）²⁶ 逃⁵
（但）	ta⁴²	迟¹⁹
（但）	t'aŋ⁴²	谈³
（但）	t'aŋ³⁵	统¹
（但）	ɕiaŋ³⁵	赏¹
（欢）	haŋ⁴⁴	欢³⁰⁵⁻¹⁶⁴ 荒⁵⁻²
（欢）	haŋ²¹	汉¹⁷⁻¹⁵
（欢）	haŋ³³	换¹⁴ 焕⁷ 汗⁷ 唤⁶ 翰⁶
（欢）	haŋ¹³	旱²
（欢）	k'aŋ⁴⁴	糠¹
（黄）	haŋ⁴²	寒¹⁶⁹ 行¹⁶³ 又 huoɯ⁴² 皇¹⁶³ 黄¹⁵³ 杭⁵⁹ 含¹⁰ 衔⁷ 韩⁴
（黄）	huoɯ⁴²	烦²⁶ 行（~为）²
（黄）	hoŋ⁴²	咸¹⁰
（相/孔）	siaŋ³⁵	想⁸⁷⁵
（相/孔）	tɕ'iaŋ³⁵	恐⁸ 抢⁴
（相/孔）	ts'iaŋ⁴⁴	相⁸
（相/孔）	ɕiaŋ³⁵	响¹
（官）	kaŋ³⁵	管²⁸ 广¹⁵ 敢¹³ 感⁸ 赶⁸ 馆¹
（重/尽）	tɕiaŋ¹³	丈（~夫）²⁶⁵ 重⁶⁰ 仗¹³
（重/尽）	tsie²¹	种⁹²
（重/尽）	tsiaŋ¹³	像⁶⁰ 丈（一~）³⁴ 象⁶
（重/尽）	tsiaŋ²¹	帐²⁷ 降¹⁴ 众¹¹
（重/尽）	tsou²¹	奏²⁵ 皱⁴
（重/尽）	tsai⁴²	层¹²
（重/尽）	tsau²¹	灶⁶
（重/尽）	tsiaŋ⁴²	长（~短）⁵
（重/尽）	tsiaŋ³³	颂¹
（重/尽）	tsau¹³	皂¹ 造¹
（英）	iaŋ⁴⁴	鸯⁶⁴ 秧⁰⁻²
（英）	yn⁴⁴	鸳⁶⁴
（英）	n̠ioŋ⁴⁴	英¹⁴ 婴¹
（英）	iŋ⁴⁴	烟⁹
（英）	iŋ³³	染¹⁻²
（响）	ɕiaŋ³⁵	响¹⁶ 享⁶
（媒/梦）	məŋ⁴²	眠⁸³ 媒⁵² 梅⁵⁰ 棉³ 绵⁴ 枚¹
（岁）	sioŋ²¹	姓⁶⁵ 性¹
（岁）	ɕy²¹	岁⁴⁸
（岁）	huoɯ¹³	幸⁵
（岁）	huoɯ³⁵	反⁴
（岁）	vɯ⁵	鸭⁴
（岁）	ɕioŋ¹³	犯¹

女书与汉字

女书	拼音	汉字
（轻）	tɕ'ioŋ⁴⁴	轻²⁵⁹卿¹
	tɕ'yn⁴⁴	穿¹⁰⁰川¹¹倾¹

十　画(29字)

女书	拼音	汉字
（悲）	pa³³	悲³²碑¹⁻¹
	pø¹³	被（被动）³¹
	pa¹³	被¹⁹⁻⁰⁻¹婢²⁻¹⁻⁰
	pa⁴⁴	备⁹⁻¹⁻²避¹
	pø³³	拔³
	pɯ²¹	辈³
	puoɯ⁴⁴	斑²
	pa²¹	贝⁰⁻¹
（恨）	sie⁵	惜¹⁹⁹昔²
	hai³³	恨¹⁰¹□喜欢/惜憾¹⁷憾³
	hai³⁵	肯¹
（灾）	tsø⁴⁴	灾¹⁰斋²
（解）	kø³⁵	解¹⁷³
	ts'ie³⁵	且¹⁴
	ø³⁵	矮⁰⁻²
（君）	tɕyə⁴⁴	君²³⁴尊²³遮³⁴均¹⁴军¹⁰遵³
	tɕy⁴⁴	居³⁶闺²⁸诸¹
	tɕyə⁴²	裙¹¹
	ɕi²¹	戏²
	tɕy³³	诸²
（转/去）	tɕyə⁴²	存⁴⁶裙³巡²³
	liou⁵	竹⁴⁶
	tɕyə¹³	罪³⁹
	tɕyə²¹	最³²俊¹¹蔗¹
	tɕyə³³	跨¹³

女书	拼音	汉字
	tɕyə⁴⁴	军⁸尊¹
	ɕyə⁵	膝⁴
	tɕyə⁵	炙³
	tɕyn²¹	转²郡¹
	tsiou³³	袖¹
	hu²¹	裤¹
	tɕ'yə⁴⁴	村¹
（把）	pɯə³⁵	把²⁹⁶
（思）	sɯə⁴⁴	思¹⁹⁵司⁹⁷丝⁴⁷师⁶⁴诗²¹⁻¹²私²⁹狮¹⁷尸¹³施⁵斯¹
	ai⁴⁴	恩³⁵⁻⁴⁷
	sɯə³⁵	屎²
（提）	ti⁴²	提²⁵¹啼⁷¹
（移/步）	i⁴²	移⁶²姨²⁹
	iu⁴²	摇¹⁵窑⁷
	iou⁴²	油⁹游¹
	i⁴⁴	依³
（祖）	tsu³⁵	祖²⁰组³阻¹
	lu³⁵	赌⁴
（初）	ts'u³⁵	初⁹⁸骂⁶⁰粗⁸³差¹⁵操³梳⁷¹疏⁴⁰纱²²沙⁸
	su⁴⁴	杉³苏²蓑¹蔬⁵
	ts'ø⁴⁴	差⁵
	tsu⁴⁴	租⁵
	tsu³³	宅⁵助¹
	ɕy⁴⁴	鬃⁴
（姑）	ku⁴⁴	姑³⁸⁰⁻²孤⁵锅³估²
	kɯ³⁵	改¹⁻⁴⁷

第六簪

（得）	lɯ⁵	得（动词）¹⁴²⁴（~婆）⁵⁰德¹⁹
	nɯ⁵	得（没~）¹³⁶³
	lu⁵	答¹¹⁶
	ɕy³⁵	絮¹
（門）	mai⁴²	门²³闻⁷⁸
（高）	kau⁴⁴	高²⁸¹⁻²⁴⁴糕篙¹
	ku⁴⁴	哥⁸孤⁶
	loŋ⁴²	篮⁷
	kou⁴⁴	勾⁵钩²沟²
	kou³⁵	稿
	k'ou⁴⁴	敲¹
（透）	t'ou²¹	透⁶⁰
	t'oŋ²¹	痛²⁴探⁴
	t'ou⁴⁴	偷¹⁰偷¹⁰
	t'oŋ⁴⁴	贪⁸
	t'au⁴⁴	滔²
	lou⁴⁴	兜¹
（朝）	tɕiu⁴²	朝¹⁶⁵⁻²（~代）又读liu⁴⁴桥⁶¹茄²乔¹
	tɕiu⁴⁴	朝（今~）⁷⁶
	tɕi⁴²	其⁵⁷⁻²骑¹⁴奇¹¹渐¹¹旗⁷期⁵棋⁵麒⁵祁³
	tɕiaŋ¹³	强（倔~）⁴¹
	tɕiaŋ⁴²	强³⁹⁻¹⁷肠²³⁻¹⁰⁴场¹⁵⁻⁵⁵长（~短，文读）⁶重（~复）⁰⁻⁶⁹
	tɕ'iaŋ³⁵	强（勉~）¹¹
	tsiaŋ⁴²	长（~短）²⁻¹²墙²
	k'aŋ⁴⁴	堪
（烧/叔）	ɕiu⁴⁴	烧⁷¹
	ɕy²¹	岁²²
	sɯə⁵	失¹⁶
	ɕy⁴⁴	虚¹⁶须⁴需²
	ɕi⁴⁴	稀⁸希¹
	ɕiu⁴⁴	属⁶
	ɕy⁴⁴	输³
	tɕ'i⁴⁴	欺³痴¹
	ɕiu⁵	淑²
	ɕi³³	食²
（乱）	laŋ³³	乱¹⁵⁸浪²⁰
	laŋ³⁵	短¹⁰党⁵
	laŋ⁴⁴	端⁷
	taŋ¹³	断（~案）²
（妹）	mən³³	妹⁴⁶²面²⁵⁵墨⁸
	mən¹³	免⁷
	mai¹³	敏⁷
	mu³³	目¹
	mɯ⁴²	梅¹枚¹
（房）	paŋ⁴²	房⁶⁵⁹又读paŋ⁴²盘³⁷
		旁³⁵螃¹⁰
	faŋ⁴²	妨²⁹逢¹⁹防⁵
	faŋ³⁵	纺¹¹又读p'aŋ³⁵访⁵
	uou⁴²	环⁷
	kuaŋ⁴²	狂²
	vaŋ⁴²	亡²玩¹
（断）	taŋ¹³	断¹⁶²⁻¹⁰
	ta³³	地⁵⁴
	taŋ³³	段²⁸缎¹⁰
	laŋ³⁵	短²
	laŋ⁴⁴	端¹
	tuoɯ¹³	但¹
	tai¹³	动¹
	ŋu¹³	午¹

女书与汉字

女书	读音	汉字
（田）	təŋ⁴²	田¹¹³⁻¹⁰⁷恬²⁸⁻⁹ 填¹⁵⁻¹⁵甜⁸⁻⁸
	təŋ³³	殿⁴¹电⁹垫³
	təŋ¹³	佃²⁻²
（候）	hou³³	候⁷
	huoɯ²¹	喊²
（吹）	faŋ⁴⁴	风（~景）⁷⁴⁻¹⁶妨封¹
	pai⁴⁴	风（刮~）⁶⁶⁻¹⁵⁻⁰
		宾⁷⁻³⁻¹冰²掰¹
	fai⁴⁴	分²²⁻⁶⁻³
	fai³³	份¹⁶
	mai³³	问⁷
	pai⁴²	凭⁶
（前）	tsəŋ⁴²	前⁶¹⁵钱²⁵⁶
	ts'əŋ³⁵	浅³⁵
	tsəŋ³³	贱³²
	tɕyn⁴²	泉²²
	iŋ⁴²	然⁸严¹
	tsəŋ⁴⁴	尖⁶
	tsəŋ²¹	箭⁵
（食）	ɕiŋ¹³	善⁴²
	ɕiŋ²¹	扇³⁴⁻¹
	ɕiŋ³³	现¹
	iŋ⁴²	阎⁵⁵蔫¹²盐¹⁰盈⁹ 炎⁶严⁵赢⁴仍²
	va⁵	郁²⁶⁻⁵
	i⁵	抑⁹
	ȵioŋ⁴²	迎⁷
	mɯ³³	默¹又读i⁵
	iou⁴⁴	忧¹又读i⁴²
	ioŋ⁴²	延¹

十一画（21字）

女书	读音	汉字
（浸）	tsa³³	浸⁴⁻³⁻¹
（埋）	mø⁴²	埋¹¹
（脱）	ts'ie⁵	脱⁷
（借）	tsie²¹	借⁹
（食/兴）	ɕie²¹	胜⁷⁶兴³
	ɕie⁴⁴	兴（~旺）⁵
	ɕie¹³	甚⁵
	ɕy⁴⁴	虚⁴
	ɕie³³	剩¹
（娇）	tɕi⁴⁴	今²⁰⁷⁻²²鸡⁸¹⁻²²饥³⁴⁻⁴ 机¹⁵⁻³基³稽¹
	tɕiu⁴⁴	娇¹³⁸⁻¹³招⁸朝¹
	tɕi⁵	轿⁷¹
	tɕiu³³	急²⁸
	tɕi³³	直²⁸值⁶及²极²置¹ 忌²蛰¹寂¹
	tɕy⁴⁴	居¹³闺¹俱¹
	tɕy³³	绝⁹
	tɕi³⁵	这⁶
	tɕie⁴⁴	襟⁴金¹
	ɕi⁴⁴	嬉¹
	tɕi⁴²	麒¹
（鸟）	li³⁵	底¹²⁴抵⁷²
	liu³⁵	鸟⁹³⁻¹³⁻⁰
	y³³	越⁵⁴
	t'i³⁵	体¹⁵⁻²⁰
	tɕyu³⁵	主¹⁰煮⁴
	t'ai³⁵	桶²

（倚）	i^{35}	倚$^{30-28}$椅$^{8-2}$
	iu^{35}	扰^6
	i^{44}	依^1
（莫）	mu^{33}	莫^{11}
（赌）	lu^{35}	赌^{3}堵^1
（路）	lu^{21}	路^{152}又读lu^{33} 妒^{30}露^{14}禄 腊^1
	lu^{44}	都^{64}
	lu^{42}	芦^{15}炉^{11}卢^{3}庐^1
	lu^{13}	鲁^{2}鸨 虏^1
（古）	hu^{42}	湖^{49}河^{46}胡^{46}壶^5
（道）	tau^{13}	道^{168}稻^1
	tou^{33}	豆^8
（接/指/借/猫）	tsi^5	接^{285}节^{85}
	ts'u^5	拆^{170}策^{17}
	tsɯ^{35}	指^{16}
	tsu^5	摘^{15}责^4
	tsie^{21}	借^{11}
	miou^{44}	猫（文读）^{4}
	miou^{42}	茅^{3}苗^2
	n̠iau^{44}	猫（白读）^{3}
	tsi^{33}	截^2
	sɯ^{33}	实^2
	tɕi^{33}	直^1
（黑）	hɯ^5	黑^{119}
	hɯ^{33}	害^{42}
（神/袖）	ɕyu^{33}	树^{221}赎^{25}
	ɕie^{42}	神^{152}辰^{40}承^{19}乘^{19}晨^{8}丞^1
	ɕiu^{42}	绍^1
	ɕie^{44}	深^1
	n̠iu^{35}	绕^1
	ɕy^{42}	殊^1
	ɕyu^{13}	竖^1
（绣）	siou^{21}	绣^{229}秀^{71}
（错）	ts'əɯ^5	错^{78}
（落）	ləɯ^{33}	落^{625}洛^4
（远）	yn^{13}	远^{203}
	yn^{44}	冤^{75}渊^{11}
	yn^{33}	县^{67}愿^{45}
	ioŋ^{13}	永^{66}往^{13}
	yn^{21}	怨^{57}
	uoɯ^{13}	往（~事）^{19}
（淡）	toŋ^{13}	淡^{4}潭^1

十二 画（12字）

（饮）	ie^{35}	饮^{14}吃^{14}隐^1
（挖）	vø^5	挖^{13}
（早/旨/慈）	tsɯɯ^{21}	辞^{32}慈^{14}池^{14}持^1
	ta^{42}	迟^1
	tu^{33}	独$^{76-71}$读$^{62-61}$毒$^{31-7}$达$^{15-10}$榻^{3}踏^1
	tou^{33}	度$^{38-37}$渡$^{8-5}$窦^1
	ɕyu^{42}	薯^9
	tu^{42}	屠^{4}图^4
	tu^{13}	肚^3
	tɕ'iaŋ^{44}	春$^{2-7}$

女书	读音	汉字
（樂）	lou³³	乐²⁰⁷漏²
	lou⁴⁴	兜¹²苑¹
（争）	tsuoɯ⁴⁴	争¹⁵
（梦）	maŋ¹³	满³⁵³网¹
	maŋ³³	梦⁹¹
	ma¹³	美²⁹
	mu⁴⁴	摸²摩¹
	pʻaŋ²¹	判²胖¹
	maŋ⁴²	蒙¹
（唱）	tɕʻiaŋ²¹	唱¹²²铳¹
	tɕiaŋ¹³	仗²
（静）	tɕioŋ⁴⁴	京⁸⁴惊⁵⁸正¹⁵荆⁶
		精³兢³
	tɕioŋ²¹	敬²正¹
（贵/坤）	tɕiaŋ³³	贵³⁹³⁻²⁹
	kuø²¹	挂⁶³怪¹⁸
	kua¹³	跪²⁷⁻⁶
	kuoɯ⁴⁴	更¹⁹棍¹⁷
	tɕiaŋ³³	总³
	kø²¹	介³
	tɕy²¹	桂²
	kuø³⁵	拐¹
	kʻuai²¹	困¹
（爱）	ŋ³³	爱²⁴（又读ɯ²¹）
十三 画（6字）		
（谢）	tsie³³	谢¹¹⁵席³³笛⁴蝶²
		敌¹夕¹
	tɕie³³	阵²⁴
	tsie²¹	借¹³
（卖）	mø³³	卖⁵⁵⁻⁹袜¹
（背）	pɯ²¹	背（～脊）²¹
（哥/歌）	ku⁴⁴	哥²²⁷⁻¹⁸⁹歌⁶⁴⁻⁶
		孤²⁵⁻¹⁷姑⁴戈¹
	kʻu⁴⁴	科⁹
	kʻau³⁵	考⁴
	tsɯ³³	贼⁰⁻⁰⁻¹⁵
（鼠）	ɕyu³⁵	许⁷¹暑⁴鼠³
	tɕyu³⁵	主¹
（昌）	tsiaŋ⁴²	从¹¹⁹长⁴⁰
	tsai⁴²	层⁴⁸曾²²蚕⁹沉³
	tsɯ⁴²	辞³⁵
	tsau⁴²	曹²³巢¹
	tɕie⁴²	沉⁹又读tsai⁴²陈²
	tsou³³	昨⁸
	tsau⁴⁴	遭⁷
	tsai⁴⁴	僧¹
十四 画（3字）		
（亲亲）	tsʻai⁴⁴	亲⁶⁰²⁻³⁰⁹⁻⁶³葱³侵²
	tsʻau⁴⁴	妻²²⁷⁻¹³凄²
	tsʻie⁴⁴	推⁵
	tsʻø³⁵	踩²
	tsʻəɯ⁴⁴	抄¹
	tsʻi⁴⁴	操⁰⁻⁵²⁻⁴
（眼）	ŋuoɯ¹³	眼³⁸⁴
（會/拿）	noŋ⁴⁴	给¹⁵¹⁻⁶⁸
	fɯ³³	会（开～）¹⁰⁶⁻⁵¹活⁹⁻⁶
		或¹
	fɯ³³	话⁸¹画¹⁷
	vɯ³³	会（～不～）¹⁶⁻¹⁷

	fø³³	佛¹⁰⁻² 罚¹
	fɯ²¹	范⁶
	huoɯ³³	悔⁴⁻²
	y³⁵	芋¹
	huoɯ³³	患¹
十五	画（3字）	
（福）	fu⁵	福¹¹⁹ 复²⁷ 幅⁵
	pu⁵	腹³¹ 博¹
	pɯ⁵	斧¹⁰
	p'ɯə⁵	魄⁶
	fɯ⁵	忽¹
	u⁵	屋¹
（鸽）	ku⁵	穀²⁵ 鸽⁸ 谷⁶ 歌³
（鸟/黄）	faŋ³³	凤⁵⁷⁻³³

十六	画（2字）	
（渐）	tɕyə²¹	转⁴⁴ 眷¹
	tsoŋ⁴³	渐¹⁹⁻¹
（拿/會）	fi²¹	费⁴

2004年9月10日发表于女书国际研讨会（北京，中国社会科学院）。

2006年10月二稿。

2007年2月三稿。

2008年2月四稿。

（基本字共395个）

女书与汉字

女书音序速查字表

使用说明：

1. 女书是单音节音符字的表音文字，女书记录语言是用假借的方法，一个字符可以记录一组同音、近音词。

2. 本字表按英文字母音序检索首个常用字，后面的尽管在普通话看来有差别，都是该字记录的词。

本表省略了单字音标，详见前《基本字表》。

3. 当地汉语土话与普通话有差别；女书假借不十分严格，只要声母、韵母甚至声调接近，就可以假借用字。因此，一个女书字记录的首词后面的词，都可以用这个女书字来表达。

第六簪

女书音序速查字表

A-2		安鞍饿误碗庵			常裳尝雄暖偿熊
		爱			长从详墙祥
B-15		八拔			扯牵蠢拖
		并兵平瓶变聘豹			
		不			采踩插
		本品宝保表			茶查锄搽诈炸衬择
		边便偏片辫鞭			草吵炒楚套
		笔			聪窗餐汤通葬苍枪仓堂迁腔抢
		病兵拼篇			
		包胞剥饱抛			钗差缠乾卷捐
		般帮搬伴半放判胖饭啄			村春车撑
		把比宝保彼板壁被婢摆榜扳			愁穷沉勤尘陈琴芹撑曹遭栽
		步薄婆破抱部腹博抱布簿蒲铺补甫扑玻			存裙巡竹罪最闻跨俊军膝炙转郡尊蔗
		北拨			初粗梳疏纱沙租宅骂杉苏操鬚蓑蔬
		别离罗厘篱璃			朝桥茄乔其骑奇渐旗期棋麒祁强肠场墙
		悲碑被婢备拔辈避斑贝			错
		背			唱铳
C-24		尺嘱烛却			从长层曾蚕沉辞曹昨遭陈僧巢
		财才栽	D-18		大代袋台抬待怠
		吹			弟了刀动低洞第得铜腾曾灯登拉替驼滴冻带称
		出			
		成船城凡诚悬盛			斗抖
		菜蔡			对兑队碓顿凳
		差猜			到老倒凳
		臭			

女书与汉字

		多落洛单丹
		等
		当端割
		点典念
		但胆弹担
		带捉举
		东灯登冬低弄
		担坦
		得答德
		地断段短
		赌堵
		道稻豆
		独读达度渡毒窦屠图肚春榻踏
E-1		二入日
F-17		非飞辉挥坏匪毁翻番灰
		发骨刮括
		夫 傅
		府火补幅
		父妇贺富福祸腐咐付赋附户服伏互
		分份婚纷粉魂昏睡坟封粪扮患
		方芳风封凤丰妨番翻逢
		反

		坟魂
		腹斧
		奉放
		富附妇负祸
		房盘旁螃妨逢防纺访环
		风封宾冰掰凭
		福复幅博魄忽
		凤
		费
G-14		工公跟间更根庚耕
		个界介告够
		官光刚功肝冠钢干棺岗缸柑观公关间馆赶敢管感广杆烘减
		国隔格甲寡假隻股果滚嘉
		归规龟关
		鬼癸诡
		过顾故的逼盖物
		各阁搁恶
		姑锅估改
		高篮勾钩沟稿敲糕篙
		贵跪更棍拐困
		哥歌孤科考戈贼
		给会话画佛活范悔芋患或罚
		穀鸽谷歌

H-14		
		好口考肯候
		好肯搞
		后
		花话画夏蝦灰悔
		合服伏务喝付赴
		喊
		海害捨笋损耍舍舜扯
		红洪鸿
		河喊匣溪
		号
		欢汉旱换焕汗唤翰荒糠
		黄寒行皇杭烦含衔韩咸
		湖胡河壶
		黑害
J-28		
		九久韭守者酒
		句嘴
		交州求教舅救纠旧周抽咒洲较娇究球筹丘绞
		几己纪主举缴爪
		讲长掌撑
		见建敬件占
		驰
		将像浆纵蒋匠
		家加瓜佳宅助

		嫁架价挂怪卦街皆阶乖揩
		娇齐抑著祭济争秦残惨鸡
		尽进祭皂
		齐层蚕樵进采赠斋调
		记计季寄跽继制既叫照兆赵站及忌直植及桂注纪绪
		记寄种照赵
		就共总袖绸坤
		静定精净睛
		经坚兼肩占粳
		吉结脚急职级折菊决织情击酌句洁劫执吸汁
		焦蕉椒著着皱
		解且
		君尊居遮闱裙均军遵诸
		浸
		借
		金真今襟针珍斤贞巾征徵斟筋沈
		今鸡饥机居急招轿直绝这值基及极置忌蛰寂稽娇闱俱襟
		接节拆策指摘责借截猫茅苗
		京惊荆精兢敬
K-7		
		可考口寸确壳扩狗苟稿
		亏屈垮
		孔
		看靠叩扣勘扛炕杠贯
		砍

女书与汉字

L-22		空康宽堪
		刻
		了礼弟帝吊调
		两
		六略
		绿旅料驴猪
		怜林淋麟劳僚
		流留刘榴柳溜
		谅亮量
		泪虑立厉利笠厉知
		俫辣
		楼劳牛
		灵宁零龄论
		冷岭领另令丁钉灵宁龄零醒
		里理裹鲤李履
		良龙量粮凉梁亮梁隆
		连莲线
		雷
		老到凳
		郎党狼短朗挡当端栋
		乱浪短党端
		路都妒露禄芦炉卢庐鲁鸬虏腊
		落洛
		乐漏兜蔸
M-12		没
		母马木目墓牡麦磨麻亩
		忙茫蒙盲瞒眉迷忘眯毛蛮望
		命

		卯苗茅
		问慢孟莫米麦每蜜眯帽美庙妙谋闷
		买尾嬷奶菱埋卖
		眠媒梅棉绵枚
		门闻民
		妹面墨免敏
		满梦美摸摩网
		卖
N-13		女
		年侬燃
		内嫩
		尿
		娘
		念闹哪炼练怒验艳砚□们内侬联研
		难能□们
		你恼
	(文读)	你燕咽
		奈耐挪
		男南农兰笼蓝
		牛
		鸟底抵越体主煮桶
O-1		欧
P-7		飘漂批披喷蜂片骗标嫖
		平瓶评丙
		派
		配譬佩迫

第六簪

		排		算丧蒜葬
		品		是氏士仕十事实师诗尸狮侍视赐市示史
		陪朋赔贫蓬盆逢浮袍		时匙
Q-14		七傺错		少稍
		千签迁		山生甥牲笙衫梭馊腮
		劝串		所锁吵
		去翠趣欺取娶区曲		双霜桑酸丧栅
		起喜紧谨枕种锦彻准益哓砌		圣
		全传权泉程呈乾缠拳		四散晒瘦扫
		切		身深升申伸兴剩
		妾		岁婿
		请顶		书输舒树赎粟
		取娶处岂启		声兄
		秋畜		谁垂诉数睡述随虽撒稀
		轻穿川卿倾		孙石顺靴射社逊训舍赦笋
		前钱浅贱泉然尖箭严		送信讯宋
		亲妻操凄推踩抄葱侵		手首守丑
R-5		人炎仍焉		受授效校孝学寿熟仇酬
		日儿入恩尔应		死做坐作
		热逆业孽泥		嫂伞产省减
		肉		说雪血设识翅歇室
		如余移欲愚		叔法
S-32		十事实侍拾莳是誓		思司丝师诗私狮尸施屎斯恩
		水		
		上向		
		三		
		世势逝戏习		

女书与汉字

T-20		烧岁失虚稀属须需希输欺淑食痴
		善扇
		胜兴甚虚剩
		神树赎辰承乘晨丞绍绕殊竖
		太
		天贪汤通
		田恬填甜电殿垫佃
		他
		头投套
		汤
		听
		讨
		炭
		胎
		铁踢贴
		通滩
		退
		土塔

		同堂团地塘童棠唐谈迟桃逃萄谈统赏
		提啼
		梯
		跳剃替
		透痛探偷贪滔兜
		脱
W-14		屋约
		文闻
		亡忘
		王赢荣完园元圆缘原员源援玩院
		位未味谓为万湾弯威卫
		万弯湾
		外稳
		望柱妄汪忘
		五暗案碗颜岩硬
(文读)		我午瓦
		我引任吃应
		枉往窝亡影

第六簪

X-20	为唯围伪微违维违
	挖
	下化吓嚇
	小细笑洗息宿削夕
	行烦闲还衡红洪相杏限幸
	先仙鲜
	休收岸
	西犀消肖宵逍凄妻毫
	显险掀扇现
	修羞
	乡香伤商胸尚
	相箱松镶湘厢凑
	嫌贤形刑藕恼
	惜锡昔积绩借指
	心新辛森
	新心辛
	想相响恐抢
	响享
	姓幸性
	惜昔恨憾
	绣秀
	谢席阵借笛蝶敌
Y-29	一
	要内义认语以宜谊议耳意忍蚁
	个要
	亦又若忧也夜右佑匀

	阳羊杨扬洋容蓉绒融
	养样用央让
	月外遇
	言然
	银吟泥
	阴依因音姻殷意与语忆衣要医以吃已叶易妖药于任应裕异孕倚遗荫如系污腰儒喻瑜
	吃任
	压鸭划
	曰会丫
	一
	院苑映影
	衣
	有友酉幼
	爷云匀乌污爹
	哑
	玉欲
	鱼由游油犹尤柔衙鹅牙芽渔娥吴
	咬
	鸯鸳英婴秧烟染
	移姨摇窑
	迎盈赢严阎郁抑炎蔫盐仍默
	倚椅扰
	远冤渊县愿永往怨
	饮吃隐
	眼
Z-22	朝雕刁低犁
	知泪虑立利单丹粒

女书	汉字
	子只纸指旨紫趾仔崽
	自字之枝脂姿滋兹支资寺只贼制则
	主煮矩举
	正政镜敬竟转渐整卷眷京惊颈诊井惭拯景警帐
	做坐作综
	左
	妆庄装宗桩床藏状撞
	中章刚江终张恭宫姜忠樟疆供弓专涨
	姊早走澡盏者
	作座浊昨
	珠朱具拄

女书	汉字
	祝觉角粥
	沾缠展捡
	著着借惧祉菌
	志至智制治似种证镇近禁阵髻堆
	重丈仗种帐降众奏皱层灶长颂皂造
	灾斋
	祖组阻赌
	争
	转眷渐

问亦笔纸贵,尽是读书人,田边女下籽,几中天子堂

第七簪　结老同

第七簪

结交姊妹信

结老同

1.《湖海湖南龙出洞》 高银仙写

湖海湖南龙出洞　　长世穿珠透底明　　取首诗书奉过你　　我亦自知不比情
难承老同不嫌弃　　配合我侬高十分　　贵府贤闺女　　　　聪明占开个
说言声娇细　　　　高山画眉形　　　　梳妆如水亮　　　　行动像观音
葫芦出宝扇　　　　贵芳我爱陪　　　　老同真相称　　　　回书放实言
陌上修侬女　　　　百花相续连　　　　扁豆木瓜子　　　　藤长根亦深
围墙蕉根树　　　　根深种千年　　　　大侪君子女　　　　好芳要相陪
爷娘真合意　　　　老同起欢心　　　　今年一年空过日　　再有来年早用心
说出真言话　　　　依心未入陪　　　　爷娘规格好　　　　兄嫂有细心
大侪君子女　　　　好芳要相陪　　　　依亲为下义　　　　随时不认真
回文到我府　　　　共陪住几朝　　　　我侬一心敬　　　　问芳辞不辞
凤凰来戏水　　　　老同真不真　　　　依心为下义　　　　说言不给虚
大侪君子女　　　　长行久不休　　　　一对鸳鸯入过海　　刘海戏蟾水样深
天仙配成侬两个　　一世长行久不休　　四边人路见　　　　恩好步不离
爷娘真合意　　　　好恩接上门　　　　两位高楼坐　　　　穿针人问人
父母真欢喜　　　　二人正合心　　　　荷莲花五色　　　　共陪住几朝
伴同行不疏　　　　一齐到我家　　　　到我家中住　　　　几日奉送到
老同[1]转回家　　　高银仙写出行言传世上

1　老同：当地有结交姊妹"老同"或"老庚"习俗，儿时父母给找伙伴，成年后自己结交，常用女书写信往来。

第七簪

2.《河渊七姊妹》 阳焕宜写

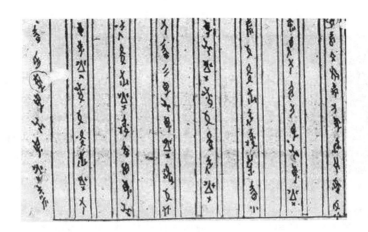

结交为情七姊妹　　依路修高取义行　　大姊出身姓高女　　落于在呼家村
细姊出身姓胡女　　落在姓义村　　　　三姊出身姓芦女　　亦是落于姓呼村
四姊出身姓胡女　　落于姓义村　　　　五姊出身姓高

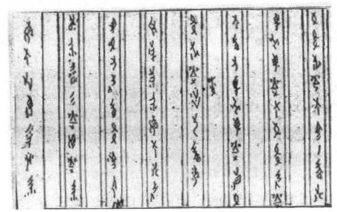

女　　　　　　　　落于姓义金一村[1]　六姊出身姓义女　　落在姓义村
七姊出身姓唐女　　落于姓胡蒲尾村　　青年之时不结义　　六十有如七十青
落岭日头照不高　　三姓四姓来结义　　好树无花来

1　金一村：当地土话，意为同一村。

结老同

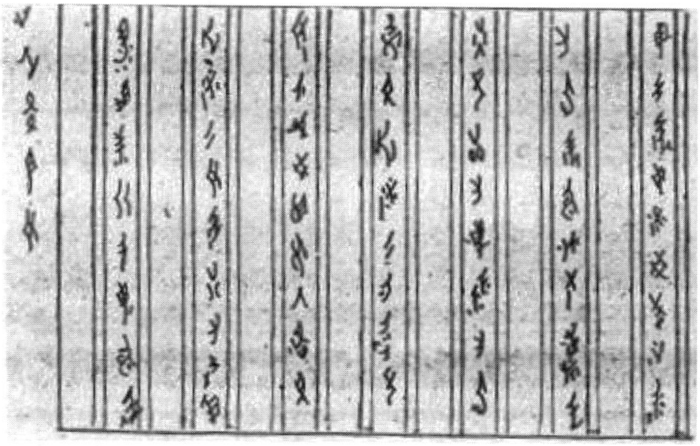

共园
七倈结交好过日
百鸟啼来没了身

长江过桥一世欢
可比天仙下象棋
还在世间多少年

七倈[1]长行亦要亲
四边人妒见好过日

手开天门七姊妹
年到六七十

---

1 七倈：即七个，"倈"表示同胞姊妹兄弟。

3.《致胡慈珠结交书》 义年华写

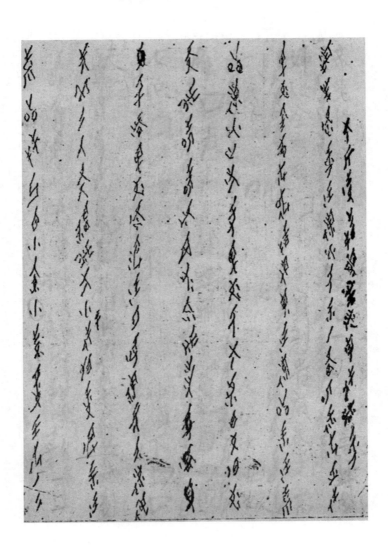

提笔修书到贵府　列位一齐听我音　本是姊娘真有意　相接我身到贵门
来到高门贵府上　观看姊娘礼义家　儿女妇娘多孝顺　孙曾外甥闹热遥
只妒姊娘修得到　可比神仙下象棋　夫妇两人多福寿　大小千般有商量
来到高门住几日　细说细言问原因　一二

结老同

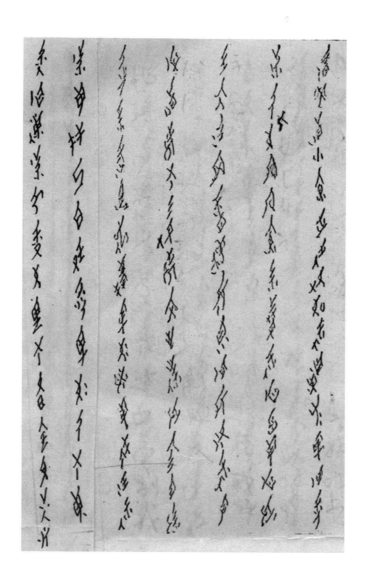

从头同细说　　本是兑如我亲生　　姊吧书家礼义女　　句句说来美我心
房中心烦缘分到　遇着神仙点配侬　始我起心同结义　三俅结交算解烦
今日红书来奉请　相接姊娘过中秋　到我家中住几日　难比姊娘礼义家
你吧贵家芳香女　礼义齐全占开个

第七簪

自从你家回程住　　时时背惊好义情　　难承姊娘不嫌弃　　三俫结交望长行
就是不该年来到　　好义结交没几年　　心焦心烦同来往　　侬算连襟姊妹行
结交三年成骨肉　　只靠姊娘开我心　　久久坐齐同细说　　告诉姊娘疼恨声
我吧在家命薄女　　四岁没爷惜恨深　　娘守空房二十八　　妹娘一岁

结老同

4.《写书做文到,九天女下凡》 传世本

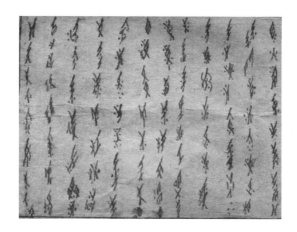

点火高灯坐	声高八面闻	前花尽映色	有缘人映人	识书开开看
团围写色花	姑娘详书礼	同庚听实言	鸳鸯同林住	交时日日啼
贤芳君子女	同陪人重人	写书做文到	伴芳左右摇	粗针来送热
荷花钵上遥	双池会龙路	九天女下凡	仙女下棋	

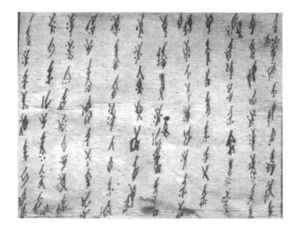

子	红云盖下遮	配比桃源峒	仙境好过时	炎天来送热	好芳步不离
凤穿牡丹叶	看来正是欢	桑树结下义	同行要不休	牡丹花黄色	好墙看仙花
设如松柏树	贵村合时人	日来逍遥坐	奉诗礼义全	口上时刻念	在心日日提
姑娘几位好	坐齐无虑心	一齐花纸女	我来几俫欢		

第七簪

歌谣

结老同

1.《十二月女儿歌》 义年华写（节选）

正月十五元宵节　　邀齐陪伴看元宵　　有的贵家贵屋女　　出路凉伞两边遮
凉伞遮得自从□[1]　不曾遮到四边人　　二月听闻他信到　　一担子鸡两担粑
三月拿出他书看　　看见年庚落了他　　年庚落入他箱底　　八百纹银赎不归
四月风吹花果树　　风吹花果入花园　　五月一齐亲姊妹　　一齐亲姊伴红娘
六月不系为亲事　　八幅罗裙来对娘　　七月秋凉好请匠　　请入匠[2]屋打金花

1　土话读为[su5]，意思是"伞的支架"。
2　入匠：应为"匠入"。

第七簪

2.《唯我读书高》 阳焕宜写

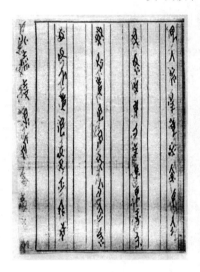

天子文曲星	文章教儿男	千般皆下品	唯我读书高	
问亦笔纸贵	尽是读书人	田边女下籽	儿中天子堂	
书上本无字	男人当自强	记说起金文修	文章可资身	读书不操心
黄龙摆出洞	金鸡对凤凰	龙阁正城住	飞高透底明	

结老同

3.《十二月看娘歌》 阳焕宜写（节选）

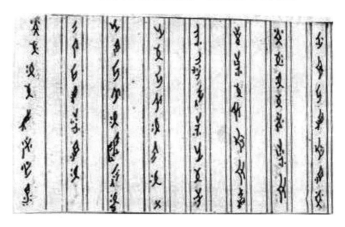

正月曰有心归驰　　驰娘留女过新年　　他家亦有新年节　　不比在家做女时
做女曰风流真流　　做妇曰风流眼泪流　　二月曰有心归留　　驰娘留女过拘鸟

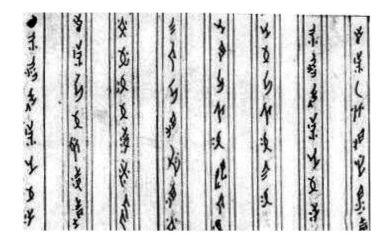

他家亦有拘鸟节[1]　　不比在家做女时　　做女曰风流真流　　做妇曰风流眼泪流
三月曰有心归驰　　驰娘留女过清明　　他家亦有清明节　　不比在家做女时

1　拘鸟节：当地习俗节日，每年二月初二。或说希望鸟儿不吃庄稼。又称逐鸟节。

做女日风流真风流　　做妇日风流眼泪流　　四月妇有心归驰　　驰娘留女过斗牛
他家亦有拘鸟节　　　不比在家做女时　　　做女风流真风流　　做妇风流眼泪流

五月日有心归驰　　　驰娘留女过端午　　　他家日亦有端午　　不比在家做女时
做女日风流真风流　　做妇日风流眼泪流　　六月日有心归留　　驰娘留女过吹凉

结老同

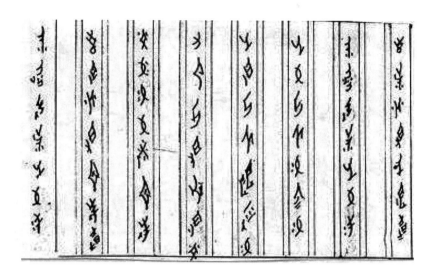

他家亦有吹凉节　　不比在家做女时　　做女曰风流真风流　　做妇曰风流眼泪流
七月曰有心归驰　　驰娘留女过月半　　他家亦有月半节　　不比在家做女时

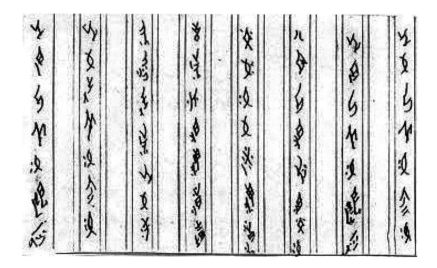

做女曰风流真风流　　做妇曰风流眼泪流　　八月曰有心归驰　　驰娘留女过神堂
他家亦有神堂节　　不比在家做女时　　做女是风流真风流　　做妇风流眼泪流

第七簪

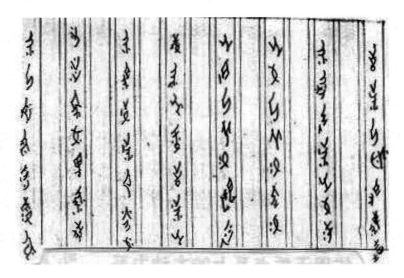

九月曰有心归驰　　驰娘留女过重阳　　他家曰亦有重阳节　　不比在家做女时
做女曰风流真风流　　做妇曰风流眼泪流　　十月曰有心归驰　　驰娘留女过神堂

他家曰亦有神堂节　　不比在家做女时　　做女曰风流真风流　　做妇曰风流眼泪流
送你出乡他家坐　　不想回家虑爷娘　　步步离娘姊妹住　　不曰心粗比远行

结老同

4.《一岁女手上珠》 高银仙写

一岁女　手上珠　　二岁女　裙脚婴　　三岁学行亦学走　　四岁提篮入菜园
五岁搭[1]婆炒茶叶　六岁搭嬷养蚕婴　七岁篱上织细综　　八岁上车捡细纱
九岁裁衣又裁剪　　十岁拿针不问人　　十一结罗又结海　　十二抛纱胜过人
十三梳个髻分界　　十四梳个髻乌云　　十五正当爷的女　　十六媒人拨不开
十七高楼勤俭做　　十八台头领贺位　　十九交亲到他门

1　搭：跟着。

5.《一打戒指对牡丹》 何艳新写　　　　6.《十二月农事歌》 何艳新写

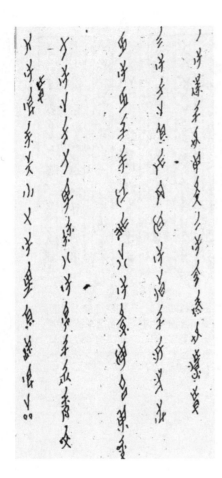

一打戒指对牡丹　二打金鸡对凤凰
三打天上蛾眉月　四打童子拜观音
五打五子来行孝　六打藕莲吕洞宾
七打上天七姐妹　八打狮子滚绣球
九打黄龙来戏水　十打鲤鱼跳龙门

正月雷公汪汪　二月锄田种姜
三月清明下谷　四月莳田薅秧
五月扒船鼓响　六月日头炎炎
七月七香桃骨　炒豆喷喷香
八月过神踏鼓　九月重阳桂花香
十月禾谷入仓　十一月讨亲嫁女
十二月年终喷喷香

结老同

7.《二十四节气歌》 高银仙写　　　　8.《十样锦》 高银仙写

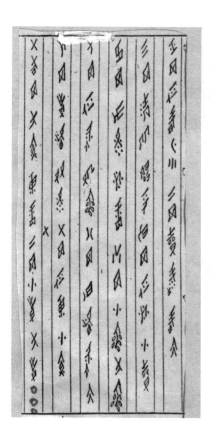

正月立春雨水　　二月惊蛰春分
三月清明谷雨　　四月立夏小满
五月芒种夏至　　六月小暑大暑
七月立秋处暑　　八月白露秋分
九月寒露霜降　　十月立冬小雪
十一月大雪冬至　十二月小寒大寒

一取天上娥眉月　二取狮子抢绣球
三取三星三结义　四取童子拜观音
五取五娘落文镜　六取金鸡对凤凰
七取天上七姐妹　八取神仙吕洞宾
九取黄龙来伏水　十取鲤鱼跳龙门

9.《初步出山幼阳鸟》 高银仙写   10.《十绣歌》 高银仙写

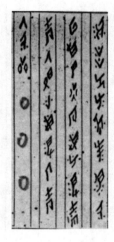

初步出山幼阳鸟
不会拍翅开嘴啼
啼得高声人取笑
啼得低声人不闻

一绣童子哈哈笑　　二绣鲤鱼鲤双双
三绣金鸡伸长尾　　四绣海底李三娘
五绣五子来行孝　　六绣神仙吕洞宾
七绣七仙七姐妹　　八绣观音坐玉莲
九绣韩湘子吹笛　　十绣梅良玉爱花

结老同

11.《十拜歌》 阳焕宜写

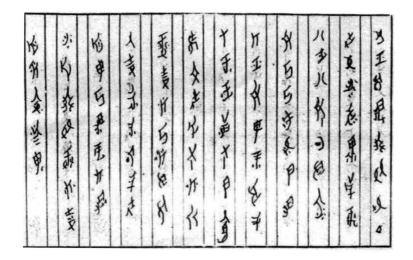

一拜家堂松柏树
三拜花楼玉自飞
五拜边江天立春

四季叶青姊妹垂
嫩笋边出几色青
站下船边样样难

二拜花楼牡丹色
四拜四个凤凰鸟
六拜六个金丝鲤

一对点红日日鲜
天样高啼远送声
六个金丝下海游

七拜边渡成双对
九拜年终来行礼
四边人言你不听

是女心焦独自愁
十位老同要紧包
只是心中自想长

八拜八仙飘四海
结交是好义
又有心好成双坐

侬吧几时始见归
又没乱言个曰个
又疼心忧雪冷身

第七簪

谜语

结老同

1.《风车》高银仙写

四脚落地背自空
云长亦靠荆州计
孔明亦靠祭东风
（谜底：风车）

2.《织布》高银仙写

身坐南京位
脚踩北京城
手拿苏州斧
两眼看长沙
（谜底：织布一架机）

3.《木偶戏》高银仙写

白地起屋不要梁
堂兄胞弟不要娘
大官大府亦做过
蜇干墨鱼没得尝
（谜底：鬼崽戏）

4.《星星》高银仙写

青石板
板石青
青石板上钉铜钉
（谜底：星子）

第七簪

5.《"魏"字》 何艳新写

有女不会嫁　嫁入禾底下
夜里同鬼睡　问你怕不怕
（谜底："魏"字）

6.《棉花》 何艳新写

先开金玉花　后结弯嘴桃
打开全天下　遮在世间人
（谜底：棉花）

7.《月亮》 何艳新写

春天不下种　四季不开花
一时结扁豆　一时结西瓜
（谜底：月亮）

8.《长烟袋》 何艳新写

身坐凉床吹玉笛　手拿文笔点珍珠
口吹清烟自来味　红灯照盏几时收
（谜底：长烟袋）

结老同

规劝歌

1.《古时肖树生三子》 高银仙写　　2.《劝哥不入赌钱堂》 高银仙写

古时肖树生三子　善恶报应有分明　　日头出早日黄黄　叫哥不入赌钱堂
肖大父骂遭雷打　他妻不孝火烧身　　赌钱堂上好过日　不输钱来亦输日
肖二打娘舂碓坑　他妻不孝虎狼侵　　输了日子犹小可　可怜哥哥坐冷身
肖三夫妻多行孝　得中状元受皇恩　　拉哥去归勤起做　隔门伸手就是难

结老同

3.《子不孝我好伤心》 高银仙写

孟宗孝母哭冬笋
万古传名到如今
子不孝我好伤心

跪倒求情身不高
几多古人多行孝
只怕老来我无用

董永葬父卖己身
为何我做忤逆人
妇娘亦是照样行

五娘剪发街前卖
我不孝亲不觉得

第七簪

4.《懒姑娘》 何艳新写

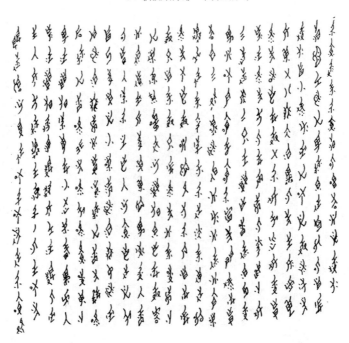

不说汉来不说唐
姑娘自小娇生养
丈夫叫她去做事
三块精肉两只蛋
一日三餐煮的饭
丈夫要她做双鞋
好像牛角硬邦邦
可惜人家不理她
白的洗成菊花黄
走到亲友家中去
主人先出面煮蛋

听唱一个懒姑娘
好吃懒做过时光
不装头痛装伤寒
葱蒜胡椒配五香
又生又烂又包浆
尺寸不知短与长
亲友请她去做客
人人说她是懒妇
前面好似柑橘绉
笑煞邻村达万人
筷子一动蛋吃光

团围坐的好姊妹
年登十八成婚配
等到丈夫出了去
独个吃得饱是饱
煮出菜来无滋味
做只短来做只长
又想卖乖没衣裳
自己衣裳懒洗浆
后面好似绉皮柑
等到亲友摆酒席
眼睛睁睁选菜吃

请在旁边听端详
害得夫主气断肠
两脚腾云跳下床
不管夫君饥与寒
不是淡来就是咸
丈夫拿来穿脚上
东西南北问人借
青的洗成麻的样
绉头绉脑穿身上
争先坐上席洞央
只吃团菜不喝汤

结老同

主人见她不吃酒　　只喝甜酒掺糊酿　　见她不吃其他菜　　只吃鸡鱼与猪肝
主人算说不吃饭　　三升白米做一餐　　主人出来十只碗　　她不扫碗心不甘
吃了酒席没事做　　大侪坐下说短长　　有人向她来借问　　问她在家做哪行
一年绩了多少苎　　一年纺了几斤纱　　提起纺纱与绩苎　　哑口无言眼光光
不好意思将言答　　心中便再作主张　　不伴主人多谢了　　急忙独个回家乡
一路行程走得快　　两脚忙忙尽泥浆　　走到家中亦苦了　　管它泥浆不泥浆
一倒倒在凉床上　　不管家中事千行　　丈夫一见将她骂　　这个妇人哪下场
世上姑娘家家有　　如此女人好作难　　各位姊妹看一看　　此事荒唐不荒唐

在女书之乡，妇女们不一定人人会写女书，但几乎人人会唱女书歌。女书作品是共享性的，即使是自传或信件，也是唱出来大家听，甚至大家唱。女书文学是一种群众性的民间说唱文学。女书文化是一种庭院式的歌堂文化。

第八簪 诗文·传说

第八簪

古诗文[1]

---

[1] 二十世纪最后一代女书老人用女书转写了很多汉文古诗文作品。由于她们没有机会上学读书，不懂汉字，在转写时，难免有不准确之处（书中以下划线标出），这也正是她们可爱、伟大之处！

诗文·传说

1.《三字经》（节录） 阳焕宜写

人之初　性本善　性相近　习相远　苟不教　性乃迁　教之道　贵以专
昔孟母　择邻处　子不学　断机杼　窦燕山　有义方　教五子　名俱扬
养不教　父之过　礼人师　自古有　不学道　枉为人　为人子　方少时

2.《静夜思》　　《登鹳雀楼》 高银仙写

床前明月光　　白日依山尽
疑是地上霜　　黄河入海流
举头望明月　　欲穷千里目
低头思故乡　　更上一层楼

3.《罗氏女》（节录） 高银仙写

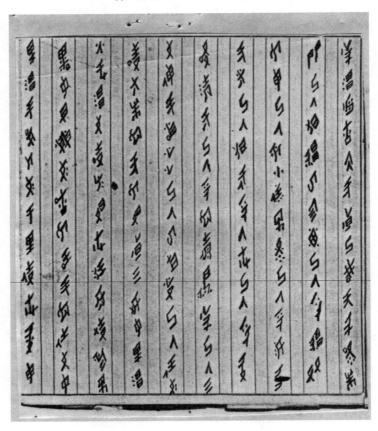

自从盘古开天地　　几朝天子造寿君　　几人有福登金殿　　几人无福丧边疆
几人夜宿红罗帐　　几人无被到天光　　几人有饭无人吃　　几人无米喝清汤
几人无妻孤独自　　几人三女共夫郎　　世上几人登百岁　　几人在娘怀内休
西天边取唐三藏　　木连寻府去寻女　　舍生取义玉仙记　　丁兰刻木见亲娘
湖边望夫肖氏女　　墓里寻夫祝九娘　　千里送衣孟姜女

诗文·传说

4.《增广贤文》 高银仙写

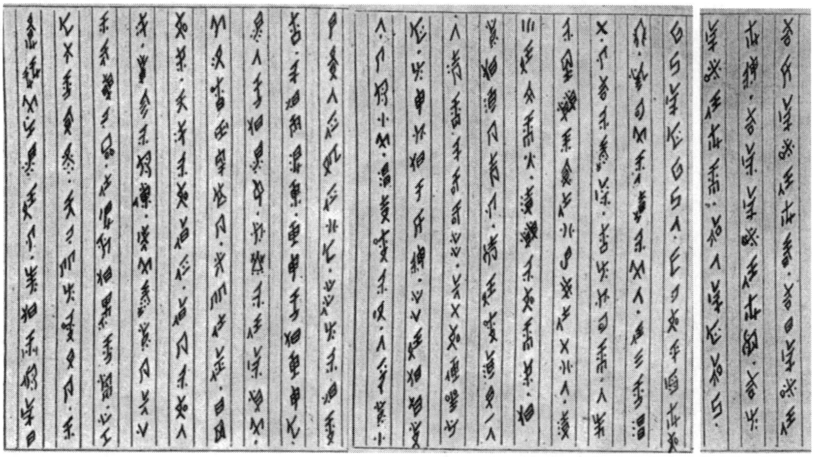

[图]

一年之计在于春，一日之计在于晨，一家之计在于和，一生之计在于勤；
以责人之心责己，以恕己之心恕人；
守口如瓶，防意如城；
宁可负我，切莫负人；
再三须重视，第一莫欺心；
虎生犹可近，人熟不堪亲；
来说是非者，便是是非人；
远水难救近火，远亲不如近邻；

风流何用穿衣多；
光阴似箭，日月如梭；
天时不如地利，地利不如人和；
黄金不为贵，安富值钱多；
世上万般皆下品，思量惟有读书高；
世间好语书说尽，天下名山僧占多；
为善最富，作恶难逃；
羊有跪乳之恩；

第八簪

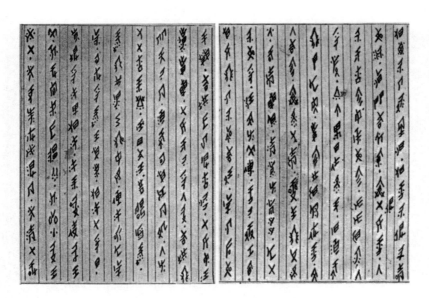

有田不耕疏空归，有书不读子孙愚；
同君一夜话，胜读十年书；
人不通古今，马牛如襟裾；
茫茫四海人无数，哪个男儿是丈夫；
杯酒酿成缘好客，黄金散尽为收书；
救人一命胜造七级浮屠；
城门失火，殃及池鱼；
庭前生瑞草，好事不如无；
欲求生富贵，须下死工夫；
百年成之不足，一旦败之有余；
七十古来稀；
养儿防老，积谷防饥；
鸡豚狗彘之畜，毋失其时，数口之家，可以无饥样；
常将有时思无日。

诗文·传说

5.《四季诗》 阳焕宜写

春游芳草地　　夏赏绿荷池
秋饮黄花酒　　冬念白雪诗

6.《数字诗》 阳焕宜写

一下二三里　　青村四五家
楼台六七座　　八九十枝花

7.《悯农》 阳焕宜写

锄禾日当午
汗滴禾下土
谁知盘中餐
粒粒皆辛苦

8.《咏鹅》 阳焕宜写

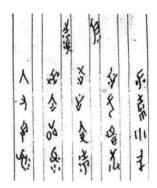

人家撒珍珠
曲项向天歌
白毛浮绿水
红掌拨清波

第八簪

9.《四海无闲田》 阳焕宜写

春花一粒粟　春种入了籽
四海无闲田　农夫犹饿死

10.《春晓》[1] 阳焕宜写

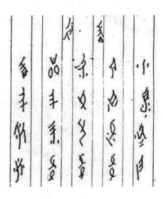

春眠不觉晓　处处闻啼鸟
夜来风雨声　花落知多少

1　阳焕宜自拟题目为《立春》。

诗文·传说

11.《女闺怨》 阳焕宜写　　　　12.《夜宿山寺》[1] 阳焕宜写

女过出边路　夜冷自怜霜　　　危楼高百尺　手可摘星辰
在下水知怜　夜凉望天光　　　不能高声语　恐惊天上人

1　阳焕宜自拟题目为《秋夜小坐歌》。

第八簪

13.《春晓》 何艳新转写

14.《望庐山瀑布》 何艳新转写

春眠不觉晓 处处闻啼鸟
夜来风雨声 花落知多少

日照香炉生紫烟 遥看瀑布挂前川
飞流直下三千尺 疑是银河落九天

诗文·传说

15.《念奴娇·赤壁怀古》 何艳新转写

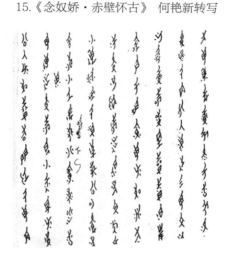

  大江东去，浪淘尽，千古风流人物。故垒西边，人道是，三国周郎赤壁。乱石穿空，惊涛拍岸，卷起千堆雪。江山如画，一时多少豪杰。
  遥想公瑾当年，小乔初嫁了，雄姿英发。羽扇纶巾，谈笑间，樯橹灰飞烟灭。故国神游，多情应笑我，早生华发。人生如梦，一尊还酹江月。

第八簪

16.《声声慢·寻寻觅觅》 何艳新转写

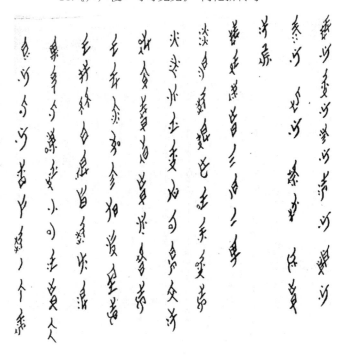

寻寻觅觅，冷冷清清，凄凄惨惨戚戚。乍暖还寒时候，最难将息。三杯两盏淡酒，怎敌他、晚来风急！雁过也，正伤心，却是旧时相识。

满地黄花堆积。憔悴损，如今有谁堪摘？守着窗儿，独自怎生得黑？梧桐更兼细雨，到黄昏、点点滴滴。这次第，怎一个愁字了得！

诗文·传说

传说叙事歌

第八簪

1.《玉秀探亲书》 义年华写

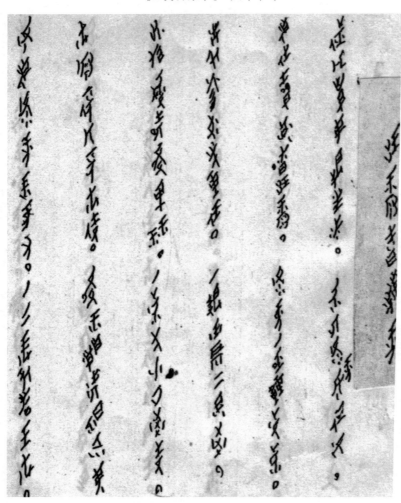

静坐皇宫把笔写	不曾修书先泪流	我是荆田胡玉秀	修书一本转回家
搭附爷娘刚强在	一谢养恩二请安	又有姑孙各姊妹	一家大小可安然
因为久久无音讯	各位亲情想念深	始我修书来看儌	一二从头诉原因

诗文·传说

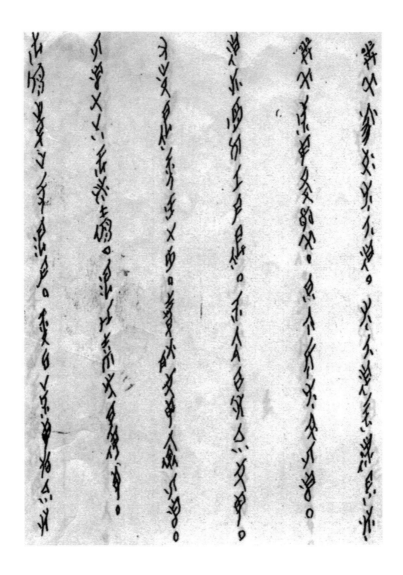

搭附爷娘生下我　　生下我来像朵花　　搭附家中多豪富　　请个先生教弟郎
我亦旁边跟起读　　不分日夜念文章　　七岁读书到十五　　满腹文章胜弟郎
弟郎十六去过科　　得做高官入朝中　　因为皇上看得起　　问曰家中有哪个

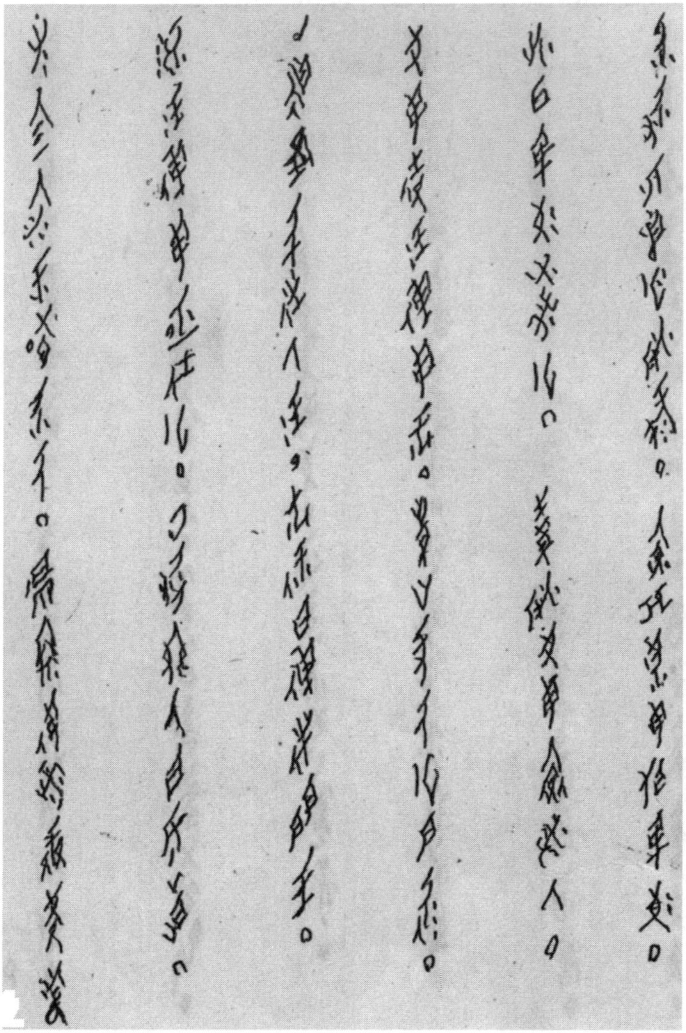

第八簪

满腹文章胜过人
要我入朝伴君王
丝罗绸缎做衣裳

又曰姊娘才学好
一道圣旨差人到
山珍海味吃不了

说出家中有姊娘
皇上看了好喜欢
可比凡人入仙堂

不该弟郎心腹直
文章送到朝中去
初到朝中本是好

诗文·传说

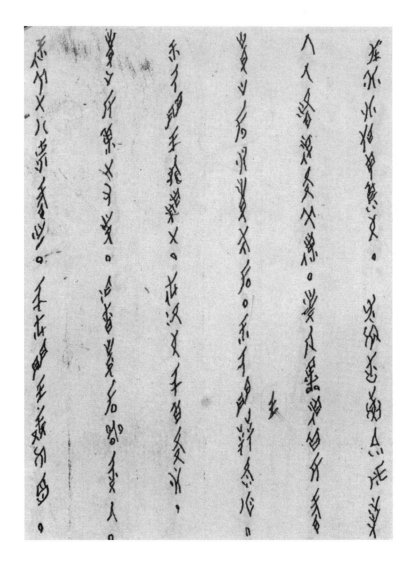

左右又有宫娥女　　笙箫鼓乐闹热遥　　人人妒我多富贵　　谁知害我百年春
皇上有个皇太后　　为了君王操尽心　　为了君王成亲事　　收留女子百多人
皇上年登十七岁　　配着皇后姓孟人　　我方十八青春少　　只与君王做偏房

第八簪

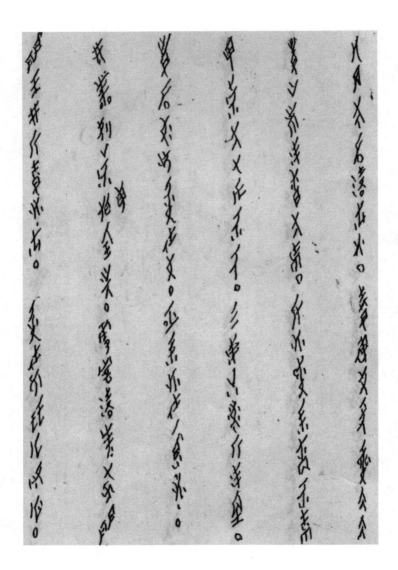

九月太后落阴府　　满朝文武乱纷纷　　皇上当时着大急　　年又轻来智不高
国家大事忙不了　　三时六刻没时空　　皇后娘娘孟氏女　　本来也是一朵花
并且家中有权势　　掌管洛阳十万军　　君王并没贪花意　　孟氏偏存好色心

诗文·传说

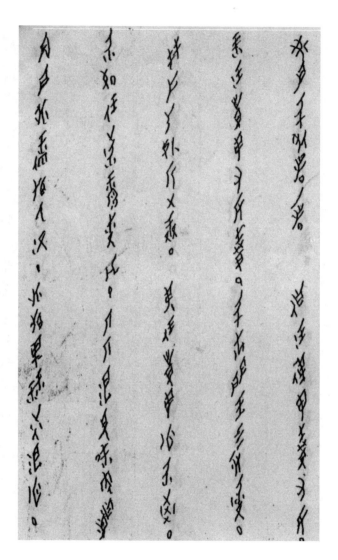

管起君王如珠宝	不容乱到偏宫行	拨起指头数一数	我到朝中满七年
来到皇宫七年满	只与君王三夜眠	除此之外没事做	身在皇宫心不安
不如在家绣房坐	朝朝得见骨肉亲	遇起忧愁有人劝	又有姊妹开得心

第八簪

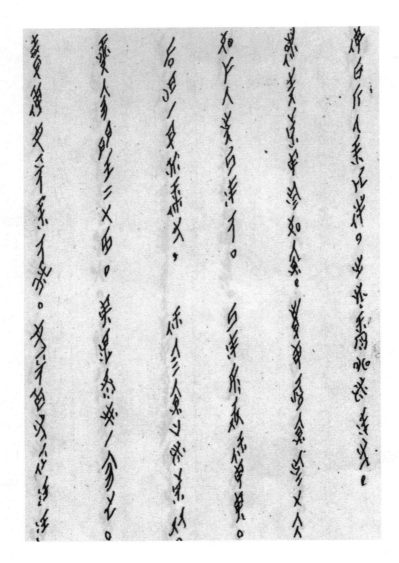

就曰没人来作伴　　插花绣卉过时光　　纵然家中冷如雪　　皇宫比雪冷十分
如此人世几时了　　几时气死我终身　　我有一件忧愁大　　我今雪上更加霜
短命君王二十五　　身得重病一命亡　　满朝文武来吊孝　　文武百官泪汪汪

诗文·传说

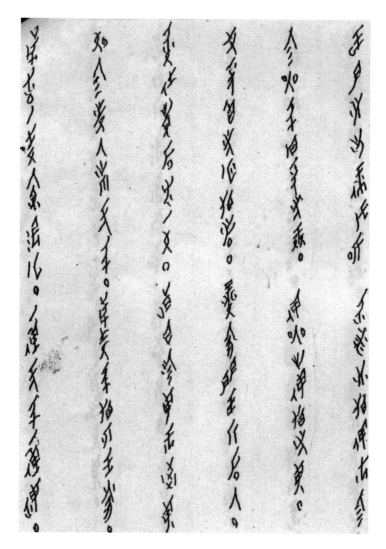

望起个个愁眉锁　　不过也有假与真　　真哭只怕无官做　　假哭算就有官升
文武百官心有数　　短命君王没后人　　孟氏皇后生一女　　打入冷宫去安身
如今谁人当天子　　自然只有帝王爷　　自古一言说得好　　一朝天子一朝臣

第八簪

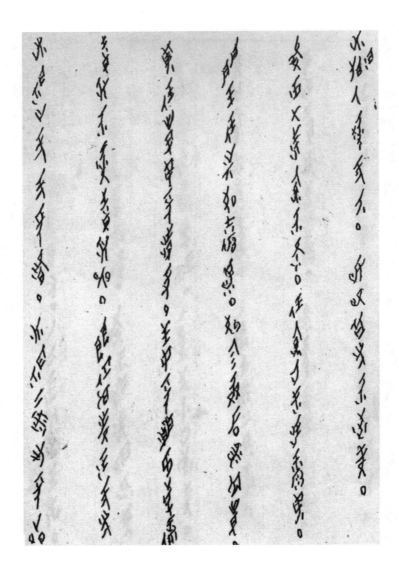

又怕有人争天下　　所以百官不安然　　各样事情说不尽　　再说可怜玉秀身
君王在世如孤鸟　　如今死后更凄寒　　身在皇宫无倚靠　　举目无亲暗自愁
透夜不眠透夜哭　　眼泪四垂到天光　　若想上天天无路　　又想入地地无门

诗文·传说

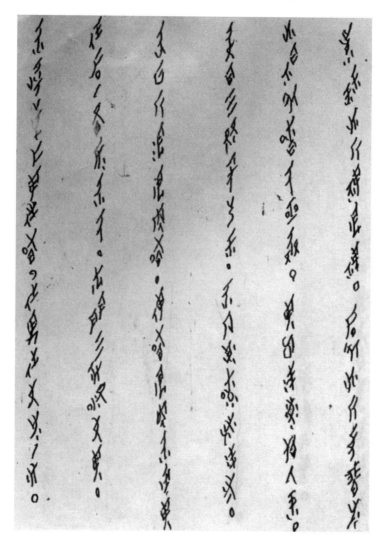

前面又没乘凉树　　后头又没靠背山　　又想投湖吊颈死　　身边时刻有人来
每日三餐无滋味　　不知甜苦过时光　　不日没得龙肉吃　　就吃龙肉不养身
再有一层气不了　　与君三夜失女身　　不比自此身怀妊　　是男是女生一个

第八簪

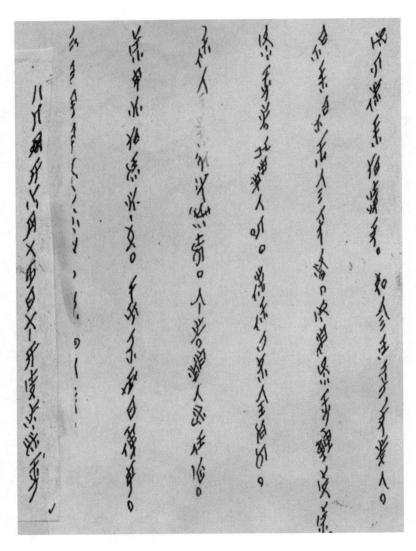

使得将来有倚靠
修书诉出传四边
家中若有红花女

如今到老靠谁人
将我可怜记在心
千万不嫁入朝中

想来想去真无路
我今前头抖折脚
嫁入朝中多苦楚

始我修书转回家
告诉亲人记在心
不如投石入长江

2.《太平军走永明》 义年华写

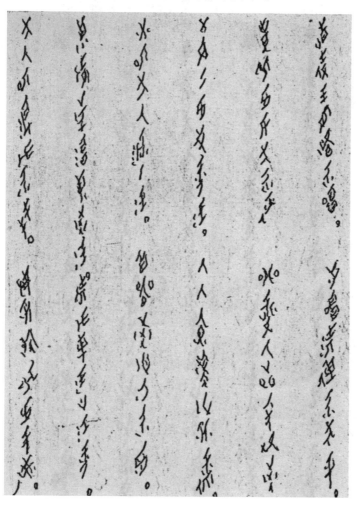

唐宋元明都不唱　　且唱清朝不太平　　咸丰五年大不利　　反乱人民无处安
七月二五文书到　　人人说道好忧愁　　又听大人初一到　　百姓安心可不妨
游击自从公安到　　急忙走到上江墟　　大人听得忙不住　　连夜派出五千兵

第八簪

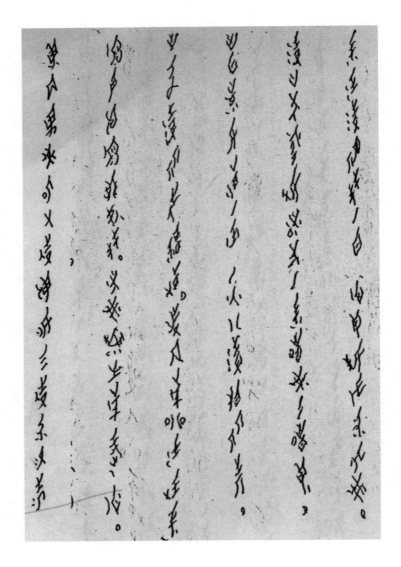

来到永明住一日　心中鬼蒙不出兵　县上太爷诡计大　一来借兵二脱身
算日前年同一样　一府八县有名声　算得永明是福地　谁知贼匪到街来
围起四围城外住　官兵稀少自放心　东西南北听实信　连报三信不留情

诗文·传说

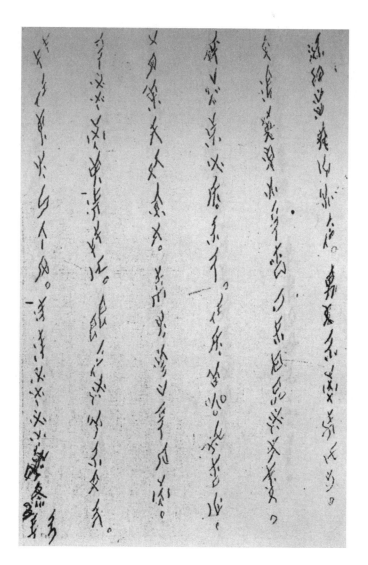

初四破城好忧虑　男女不安急忙忙　见得英雄亦无志　可怜百姓的功劳
抛开家财气不了　再气百姓受苦辛　十月冬天霜雪大　高山岭上无处安
无刻安身停住坐　眼泪盖头不见天　住在深山几个月　时时刻刻受尽亏

第八簪

寒天霜雪亦受过　　可怜世间万万人　　早起又无接饥米　　夜间无被难安身
只因回家拿粮食　　路上撞起又杀人　　盐油樵米自家的　　好比长滕似一般
饿死多少英雄汉　　路上枯骨白如霜　　心中思想连夜走　　妇女难行黑路多

诗文·传说

一家团圆各走散	走得四边不安然	十分急忙走不起	可怜年轻妇道人
可怜万般受尽苦	连身夜走无高低	亦有东离西走散	父母同胞各路行
身边有儿亦难顾	已是不由埋怨天	转身思想来觅着	父母一见泪双流

第八簪

哭得伤心肝肠断　又怕贼头远听声　远听风声真厉害　可怜世间老少人
三寸金莲难移动　一阵狂风到来临　诉出可怜恨不恨　来世传他恨不消
一年两省争天下　几时天休定太平　连夜走到道州住　一直走到上江墟

诗文·传说

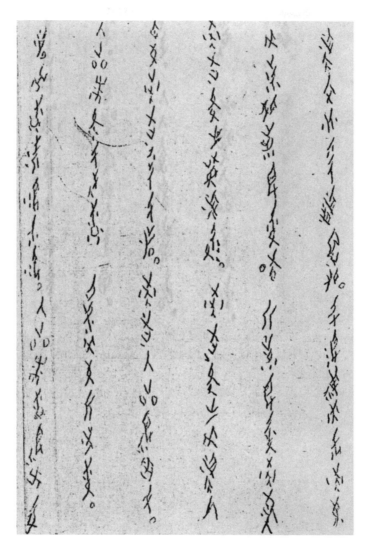

道州又无亲朋友　　只得神内去安身　　富家有钱量米吃　　没钱量米饿死人
饿煞多少英雄汉　　饿煞多少妇道人　　儿女煞杀无千数　　饿煞人民达万千
人民受尽千般苦　　可怜妇女没功劳　　诉出苦情恨不恨　　人民受苦达万千

第八簪

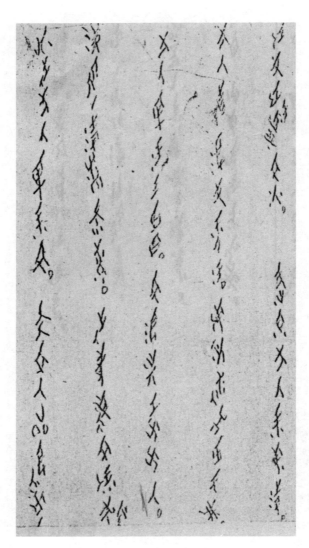

行文行到郴州府　　奉请大人来申冤　　大人接得文书到　　连夜派出五千兵
大人早到三五日　　救得世间万万人　　永明一县受尽苦　　试看道州洪大爷
若是大人早来救　　多救人民达万千

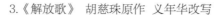

3.《解放歌》 胡慈珠原作 义年华改写

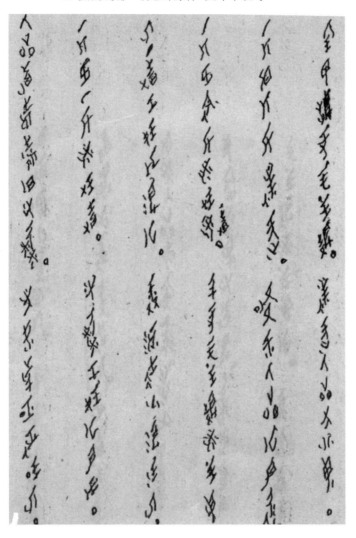

全国倚靠毛主席	解放人民大翻身	一九四九年解放	各位人民好喜欢
一九五零年的阶段	只靠毛主席的主张	第一段工作做得好	减租退息得到啦
一九五一年的阶段	斗争工作好紧忙	人民团结歌霸斗争	官僚资本打倒啦

第八簪

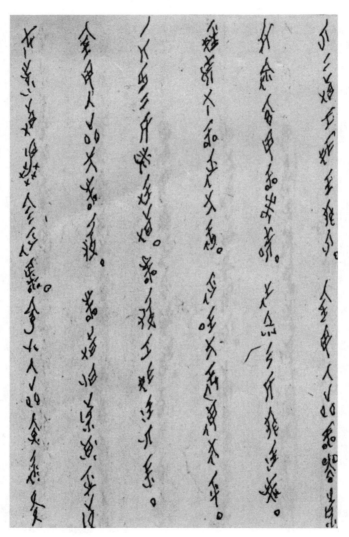

第二段工作完成了　　全国人民去参军　　年龄合格去受训　　训练三年成老兵
坚决要去打台湾　　　打倒台湾就太平　　一九五二年的阶段　土改工作到了来
全国人民大土改　　　土地归家田转回　　以前地主真厉害　　剥削人民血汗多

诗文·传说

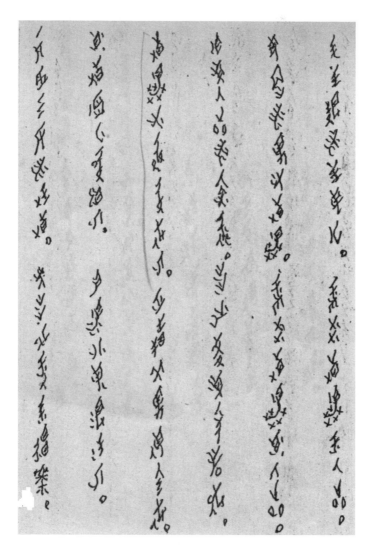

毛主席的主张好	镇压地主为人民	中贫雇农斗地主	镇压地主填人民
赔偿人民的血汗	布草衣裳无数箱	地主财产没收了	阶级富农就征收
田地房屋分散了	彻底翻身得到啦	一九五三年的阶段	干部出乡来复查

第八簪

五大阶级查明了　　漏网地主也查清　　五四年成立互助组　　互助合组如国家
计划订到千斤亩　　组共侵占别个村　　互助合作有好处　　生产都能大丰收
五年转了初级社　　各位人民好合心

诗文·传说

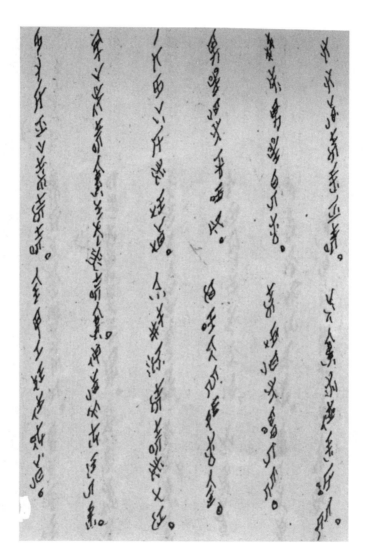

个个团结来转社	开会现场来报名	耕牛农具入了股	折价归公唱了名
农具归公评榜贴	四榜分明作股金	一九五六年的阶段	验收初级社的实行
走上社会主义的社会	共同富裕到了来	五七年转上高级社	全国工作是相同

第八簪

初级社扩大高级社　　走上社会好光荣　　祖国转社无限代　　人民天下万年春
解放搭福毛主席　　　提高女权太低沉　　青年女权提高了　　老年女权提不高
生产不能出工做　　　田中有水脚小啦　　想起以前国民党　　受尽压迫真可怜

诗文·传说

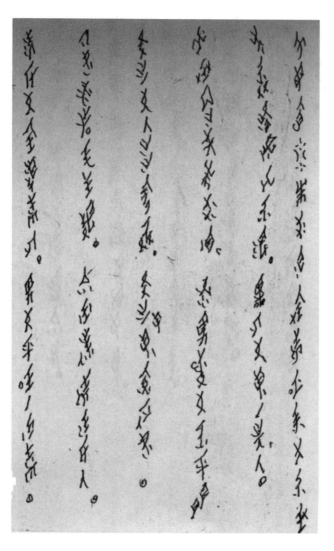

父母包办受压迫　缠脚本来大不该　生产路业做不得　害了女身一世人
出嫁陪夫受压迫　重男轻女不平均　多少女人薄命死　多少终身血泪淋
可怜告诉毛主席　哪样解决老年人　青年女权提高了　男女平望一样高

第八簪

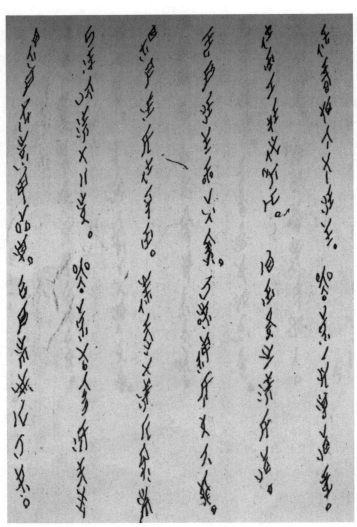

我村有个义玉举　　参加一个党团员　　是样工作带头做　　培养多少青年团
望起玉举去开会　　可像神仙女下凡　　想起老年是无用　　解放事情没份当
几时减轻十八岁　　参加革命报夫仇　　想起以前国民党　　日起当兵好可怜

诗文·传说

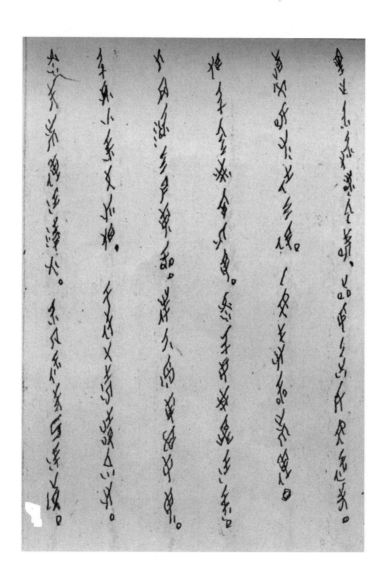

理上不该蒋介石	民国二六年抽我夫	同父所生是三俫	一抽两俫去当朝
幼子征兵合了格	长子募兵喊到来	九月初三起身去	放下房中四母身
子又小来女亦幼	千般事情倚哪个	丈夫当朝到远府	不知我夫几时回

第八簪

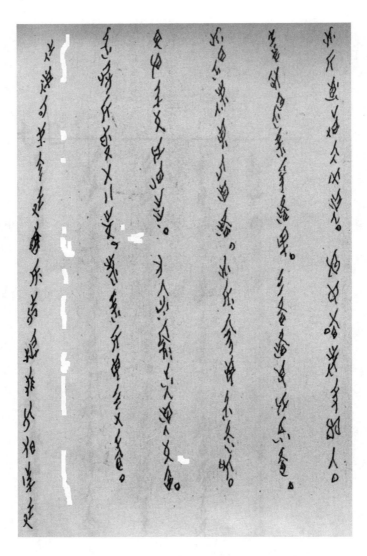

又没田地吩咐我　四母吃饭靠何人　透夜想来无路走　三条路中行哪条
又想将身觅短路　又气命中不尽头　抛散子女行归步　怎舍离开我女儿
不比年轻十八岁　将来年刚三十春　是我可怜真难气　脚踏船边有自难

诗文·传说

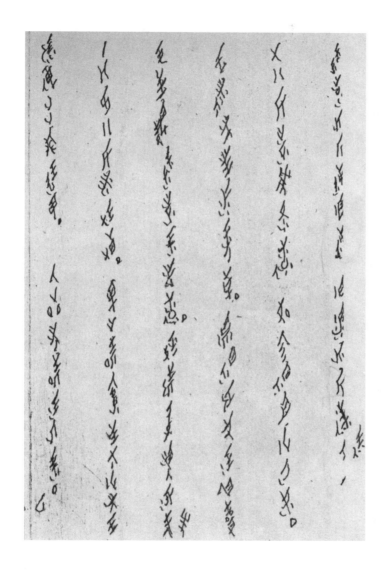

面前又没乘凉树	背底又没解纠人	十八年前受尽苦	如今想起好可怜
手拿钢笔写书字	思想行文到北京	毛主席面前来诉苦	坚决与我报夫仇
一九五八年的阶段	走上社会主义好光荣	红旗飘飘照祖国	人民公社到了来

第八簪

4.《行路难》 义年华写

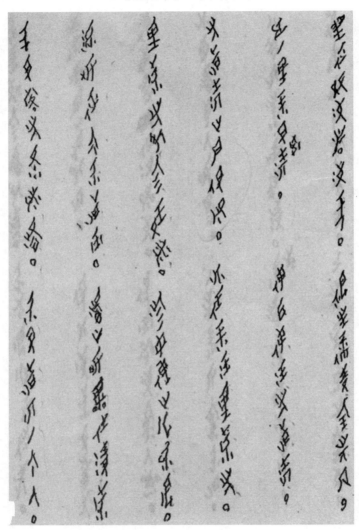

珠泪双流诉娘亏　把笔愁言传世知　行一里来建安亭　就日就到甘棠亭
甘棠亭上歇个急　又再来到李家冈　李家冈头真难过　岭木桥上好吹凉
梳妆打粉不同样　路上所害是冤家　只见客官尽过路　不见同垌一个人

诗文·传说

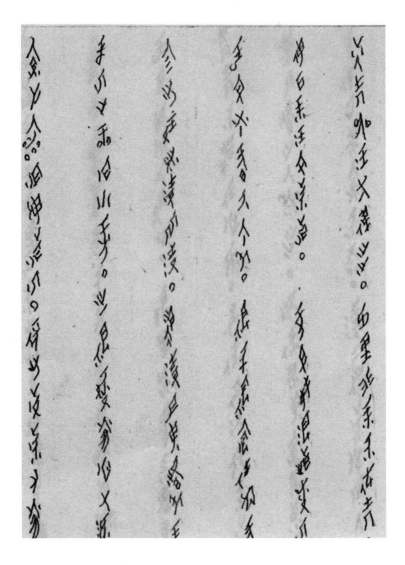

开声哭到大桥铺　　五里牌来不休声　　就曰来到周家塘　　看见住得桃川峒
望见银川下界头　　读纸读扇是西村　　真真难过永明县　　道县起身路途长
葛潭上去白水圩　　世度姑爷心事粗　　设此许归连塘峒　　久久回家僚爷娘

第八簪

将我嫁到道州去　二世回家傑爷娘　八百铜钱嫁道县　山长路远难回家
又逢路中人所害　一世长年悔不归　我是朱立留的女　哪样何尝别人欺
若是嫁起桃头峒　久久回家见爷娘　将来如今路头远　不要良心忘你情

诗文·传说

千般可怜说不尽　　落入你家有名人　　谁知路上人欺侮　　始我将身说来由
高声不啼在心气　　是我泪流搁不开　　望见四边人取笑　　把笔修书来诉愁
别样别行尽不气　　只气路边欺侮人　　若是同村三五里　　不受寒霜并无愁

后女书时代面临的问题不是失传,而是失真。这关系到一笔文化遗产能否科学地加以保护、真实地加以传承,使之为今天的人们造福。

第九簪 从挽歌到交响

第九簪

科学保护　传承女书
——女书的濒危与重生

女书是目前世界上独一无二的女性系统文字。2004年9月20日中午12:00,宣统元年(公元1909年)出生的阳焕宜去世,这最后一位经历女书文化全过程的百岁老人的去世给女书时代画上了一个句号,标志着原生态女书历史的结束。

濒临灭亡的女书真的要失传了吗?美丽的女书真的要沉寂为挽歌吗?

幸运的是,我们看到女书非但没有失传,相反越来越多的人开始学习女书、写女书,女书获得了重生!对这种女书新的"繁荣",我们喜悦而又担心地称之为"后女书时代"。后女书时代面临的问题不是失传,而是失真。这关系到一笔文化遗产能否科学地加以保护、真实地加以传承,使之为今天的人们造福。

二十世纪五十年代中叶湖南博物馆学者李正光在周硕沂的帮助下来江永调查,撰写论文,女书进入国家有关学术部门(《中国语文》、国家文字改革委员会)的视野。自五十年代末开始,《江永解放十年志》《江永文物志》等地方志多次予以记载。八十年代重新被学术界所关注后,女书资料流失十分严重,有的甚至转卖给境外。庆幸的是二十世纪末一些女书原

从挽歌到交响

1. 中国女书研究会的曹志耘博士、赵日新博士、李蓝博士等多次带研究生到江永进行方言调查,协助当地政府整理女书音档。
2. 2003年"非典"期间何艳新(左三)来到清华大学和SRT抢救女书小组的同学一起工作。

件被国家博物馆、国家图书馆珍藏。最后一代女书老人，1902年出生的高银仙1990年去世。1907年出生的义年华1991年去世。女书濒危。

令人欣慰的是2002年以来，当地政府开始重视女书，特别是近些年来，采取一系列抢救保护女书的措施，如阳焕宜老人晚年得到当地民政部门的关照，支持开办女书学校，发展旅游，开展女书普查等。

传承文化遗产基于科学的抢救整理。科学就是尊重原生态，厘清本来面目，呈现原汁原味文化，保护文化原产地，从而使我们的女书永远唱响爱与美的牧歌。

一、正本清源，科学抢救、整理女书原生态文本

女书的历史、族属、字数等都是比较重要敏感的话题，也是难度较大的尖端问题。让原材料自己说话才是可靠的，不能为了耸人听闻"轰动效应"，杜撰、移植、扭曲所谓的材料，说一些不负责任的话、无法证实的话。只有在科学研究的基础上，才谈得上保护、传承、开发。纳西东巴文化的研究开发做出了很好的榜样。虽然老东巴先生已经自然消失，但是东巴文献却科学地整理保存下来。东巴文化也成为人类共同的文化遗产和精神财富，受到全人类的关注和景仰，并由此拉动当地旅游经济的大发展。如果原生态是什么样都混乱不清，随意造假字、假书、假地、假说，人们会有上当受骗的感觉，也会让其失去文化遗产的魅力，糟蹋、断送了江永独有的文化遗产。

从挽歌到交响

2005年,季羡林先生在医院高兴地看到《中国女书合集》出版,病榻上的季老,怀揣心脏起搏器,为女书向联合国教科文写下推荐信。

第九簪

女书研究著作。

从挽歌到交响

女书是历史的产物，随着它使用流传的社会功能的结束，原生态女书已经淡出历史。它的尾声和余响留在了二十世纪。庆幸的是作为最后一位经历女书文化全过程的女书老人，还能久久依恋着女书，守望着女书。这就是宣统元年（公元1909年）出生的百岁老人阳焕宜。这是到本世纪初唯一真正学术意义上的女书传人。还有一位1940年出生的自然传承人何艳新，在她十一二岁时，外婆手把手教其女书。

正是由于最后女书老人的健在，女书还没有最后灭绝，还使我们来得及抢救。在当地政府和群众的支持下，清华大学师生经过数届几年的艰苦工作，从近千篇女书原件中整理出640篇作品，共22万字的《中国女书合集》（5卷本）（中华书局2005）扫描影印解读出版。季羡林先生在301医院带着心脏起搏器为女书申报世界文化遗产写了推荐书。当他看到《中国女书合集》出版，露出欣慰的笑容。

二、保护文化原产地

除了科学抢救女书文本文献，不造假传本，不乱写自创女书字，尊重女书本来面目之外，最重要的是保护文化原产地的文化主权、保护女书生态环境。

这一点有过沉痛教训，甚至付出血的代价。女书商标被人抢注、文化原产地被"克隆"。在女书原产地尚未开发之前，居然来湖南江永拉十几个人去湖北生造女书村，本地最早关注女书的文化干部周硕沂就为之暴死他乡。湖南省档案馆刘歌宁馆长在湖北宜昌考察时看到了当地挂着"中国女书村"的横幅，感到非常气愤。这种商业"克隆"造成女书之乡到底在湖南还是湖北的混乱。

女书在湖南,是江永这方山水培育了女书。我们保护女书,首先保护文化原产地。女书首先是江永独有的文化财富,而不能为赚钱"抓住机遇"移植他乡。

三、保护民居聚落环境

民居村落作为一种历史沿留下来的生存空间,不仅仅为人类提供了住所,同时也承担着文化传承的功能。女书的历史,与它的故乡江永是分不开的,江永的山水、村落和习俗是女书生长繁衍的土壤。没有江永也就没有女书。女书只有在她自身的聚落环境中才能获得最大的价值。女书是其聚落环境的生活写照,这些村落也印证着女书作品的内容。村落建筑的街巷庭院与女书文字的字里行间,有一种文化呼应关系。因此,我们应该要像保护女书文字那样,保护好她赖以生存的聚落环境,特别注重女书流行地区村落的明清建筑。

目前当地政府已经把女书作为重点工作之一,有计划地进行保护、开发。当地许多群众开始重视、珍视本地文化,女书书法得到普及,永州市文化局抢在最后一位女书老人离世前,录制了老人生前的绝唱,编排创作了具有浓郁原生态特色的舞蹈《女书》。江永县也整理还原了当地坐歌堂、结拜姊妹等流传的女书文化活动节目。由关注到自觉参与保护,体现了文化原产地人民高度的责任感、使命感。我们由衷祝愿女书在女书之乡得到传承、重生、发扬,成为世界人民向往的绿色家园。

从挽歌到交响

1. 百岁女书老人阳焕宜生活过的铜山岭。
2. 北京"君子女"们看到女书，惊奇、感动、兴奋不已。

第九簪

1995世界妇女大会期间中日韩联合召开"东方女性文字学术报告会",最后一位女书老人阳焕宜(右五,1909—2004)出席展示了女书作品,季羡林(右三)、周有光(右二)、刘乃和(右四)、赵城(右一)等专家出席会议。

从挽歌到交响

女书是中国妇女对人类文明的伟大贡献

2007年1月,清华大学抢救女书工作小组的同学和中国第一本女书小说《女客》作者尚姝含去看望102岁的国家语委周有光教授,他在题词中写道:"女书是妇女自我解放的第一步。"这位在国际舞台上作为国家语言文字发言人的专家,多次撰写研究女书的文章,专著中也多次提到女书,并力荐女书申报世界文化遗产。

女书具有多方面的价值。

1. 人类学价值。女书所在的湖南江永上江圩乡一带农村,有着独特的语言文化生活,一语二文。男人女人说同样的一种汉语方言土话,"一语二文"即男人用男字(方块汉字),女人用女字。男人写男文,读男书;女人写女字,读女书。女书是以女字、女书、女友、女歌、女红构成的有机整体,是一种独特的女性文化。它体现了一种以女字、女书为形式特征,以女友女歌为精神乐土,以女红为物质基础的生活方式。这里的民族背景比较复杂,汉风瑶俗。不仅是三省三县交界的地理边区,更是中原儒家文化与南方少数民族文化相融合的文化边区。男耕女织、男婚女嫁、男尊女卑是女书文化的基本生产生活方式。女书的创造者和使用者,几乎都是"三寸金莲"的缠足妇女,她们自称"君子女"。她们用这种女性专用符号工具,通过对身份、角色的自我肯定与自我认同,获得自尊。

2. 社会学价值。女书是以男性为中心的旧制度主流文化的亚文化。这些同处社会底层的被压抑女性的心理趋同、文化趋同，使女书具有很大的凝聚力。女书以它特有的文化力量，把卑微、松散的乡村农妇凝聚为以结交女友为形式的组织，大大增强了女性的自我意识和群体意识；并通过倾诉宣泄、相互交流、沟通共鸣、心理调节，从而慰藉、挽救社会最底层的农家妇女，支撑她们度过生活的苦难。即使在今天，面对现代文明社会中的一些问题，女书这种倾诉与交流的社会功能，仍有其价值。因此女书的交际凝聚功能、娱乐调适功能、礼仪习俗功能、教化传授功能、存储物化功能，具有普遍的社会学意义。

3. 文学价值。女书是一种民间说唱文学，一种自娱自乐的庭院歌堂文学。从作品内容上考察，女书文学以苦情为核心，从内到外，女书作品分为三个层次。(1)原生型：寡妇诉苦、姊妹结交等。这类作品代表女书本体文化，具有一定封闭性。(2)次生型：哭嫁、叙事、民谣、祭祀等。这类作品属于区域共享文化，具有相对开放性。(3)再生型：翻译改写的作品，是一种再创作。这是对社会传统主流文化的移植，具有大文化流通性。女书作品在表现技巧上也具有鲜明的女性特点。大量地将自己以及有关的事物比作"花"。女孩都是"红花"，女友都是"好芳"，出嫁是"好花离园""我们君子女，好芳要相陪"。这样，就给黑暗无光的现实点缀了灿烂的光彩，给浸满泪水的生活带来美好的憧憬。托物起兴，自然、清新、充满田园气息。女书通过文学手段，在苦难的现实之上构筑了浪漫主义的精神王国，具有特殊的美学价值。

4. 语言文字学价值。女书首先是一种文字现象，是汉字在使用和传播中的一种变异形态。用数百个女书字就能完整地记录当地汉语方言土话。当地土话比较复杂，但是女书有特定的读音——城关音，这是当地的雅言、普通话。农家女自己创造一套成熟的女性文字符号系统，这是目前世界上绝无仅有的。它不仅为语言学界提供了新材料，也提出了重要的理论课题。女书作为借源文字的造字手段、记录语言的方法，女书和方块汉字的字源关系，女

从挽歌到交响

本书作者赵丽明（左一）、《女客》作者尚姝含（右一）与周有光（中）在交流女书。

第九簪

书的文字学定位，以及女书字图案化、图案女书化等一系列问题，都值得我们去研究。女书在语言文字学上具有重要的学术价值。

2005年1月，经过清华大学师生历时20年收集、3年埋头苦干，在当地精通女书的周硕沂、何艳新等人的帮助下，逐字逐句逐篇解读、整理而成的《中国女书合集》（5卷本），由中华书局出版，终于抢在最后一位女书老人健在时完成而问世，保存了一份珍贵的人类文化遗产。

在此基础上，清华大学研制的《女书国际编码提案》在ISO/IEC JTC1/SC2/WG2#52会议上被正式接受，会议专家多次严格修订，并经过全体江永女书传承人逐字签字认定，《女书国际编码标准字符集》在2016年获得投票通过。

2014年，著名国际音乐大师谭盾先生历经数年创作了《女书微电影交响乐》，从亚洲，到欧洲，到北美，世界巡演。最后在北京国家大剧院由费城交响乐团演奏，还在上海、长沙等地演出，引起了轰动。女书开始从乡野村落进入国际视野，登上了世界的大舞台，奏响生命的交响曲，特别是女书故乡的传承人也登上了现代舞台，用优美的女书之音参与到时代的交响之中。独特的女书文化不仅仅是女人的闺房之趣，中国传统女性文化具有人类普遍价值和现代意义。

最后的乐章现已为很多现代"君子女"传唱。优美的歌词唱出了女人心中的歌，尤为人们喜爱：

女人是水，流走心中忧；
女人是泪，吸取心上愁；
女人是河，淌出心中梦；
女人是海，荡尽心里歌。

从挽歌到交响

女书国际编码标准字符集

ISO/IEC 10646:2016 (E) Draft International Standard (DIS)

1B170　　　　　　　　　　　　Nushu　　　　　　　　　　　　1B23F

第九簪

ISO/IEC 10646:2016 (E) Draft International Standard (DIS)

1B240　　　　　　　　　　　Nushu　　　　　　　　　　　1B2FF

	1B24	1B25	1B26	1B27	1B28	1B29	1B2A	1B2B	1B2C	1B2D	1B2E	1B2F
0	1B240	1B250	1B260	1B270	1B280	1B290	1B2A0	1B2B0	1B2C0	1B2D0	1B2E0	1B2F0
1	1B241	1B251	1B261	1B271	1B281	1B291	1B2A1	1B2B1	1B2C1	1B2D1	1B2E1	1B2F1
2	1B242	1B252	1B262	1B272	1B282	1B292	1B2A2	1B2B2	1B2C2	1B2D2	1B2E2	1B2F2
3	1B243	1B253	1B263	1B273	1B283	1B293	1B2A3	1B2B3	1B2C3	1B2D3	1B2E3	1B2F3
4	1B244	1B254	1B264	1B274	1B284	1B294	1B2A4	1B2B4	1B2C4	1B2D4	1B2E4	1B2F4
5	1B245	1B255	1B265	1B275	1B285	1B295	1B2A5	1B2B5	1B2C5	1B2D5	1B2E5	1B2F5
6	1B246	1B256	1B266	1B276	1B286	1B296	1B2A6	1B2B6	1B2C6	1B2D6	1B2E6	1B2F6
7	1B247	1B257	1B267	1B277	1B287	1B297	1B2A7	1B2B7	1B2C7	1B2D7	1B2E7	1B2F7
8	1B248	1B258	1B268	1B278	1B288	1B298	1B2A8	1B2B8	1B2C8	1B2D8	1B2E8	1B2F8
9	1B249	1B259	1B269	1B279	1B289	1B299	1B2A9	1B2B9	1B2C9	1B2D9	1B2E9	1B2F9
A	1B24A	1B25A	1B26A	1B27A	1B28A	1B29A	1B2AA	1B2BA	1B2CA	1B2DA	1B2EA	1B2FA
B	1B24B	1B25B	1B26B	1B27B	1B28B	1B29B	1B2AB	1B2BB	1B2CB	1B2DB	1B2EB	1B2FB
C	1B24C	1B25C	1B26C	1B27C	1B28C	1B29C	1B2AC	1B2BC	1B2CC	1B2DC	1B2EC	16FE1
D	1B24D	1B25D	1B26D	1B27D	1B28D	1B29D	1B2AD	1B2BD	1B2CD	1B2DD	1B2ED	
E	1B24E	1B25E	1B26E	1B27E	1B28E	1B29E	1B2AE	1B2BE	1B2CE	1B2DE	1B2EE	
F	1B24F	1B25F	1B26F	1B27F	1B28F	1B29F	1B2AF	1B2BF	1B2CF	1B2DF	1B2EF	

© ISO/IEC 2016 –All rights reserved

1481

传奇女书

从挽歌到交响

谭盾（右一）与女书传人在演出现场。

第九簪

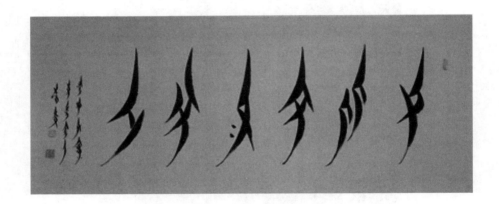

国务院副总理刘延东赠送联合国教科文组织总干事博科娃一件特殊的礼物——女书作品"文明交流互鉴"。

从挽歌到交响

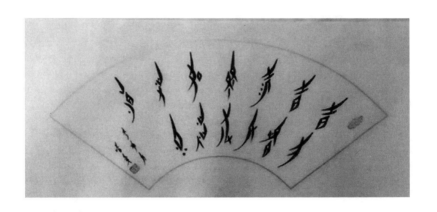

女书作品"一带一路青年创意与遗产论坛"(人民出版社《你好,一带一路》收录)。

文化深山里的野玫瑰——传奇女书的濒危与重生　作者：赵丽明　《光明日报》
（2017年9月3日 12版）。

从挽歌到交响

汪涵和国家语言保护工程、世界说的负责人到江永考察女书。

第九簪

女书是人类文化遗产
——《世界文化遗产名录》推荐语

2004年4月，我国知名学者，向联合国教科文组织推荐，将"女书"编入世界文化遗产名录。以下是推荐者季羡林、周有光、李学勤、谭琳、董琨的推荐语。

女书作为一种在旧制度下，被剥夺了学习文化的权利的民间普通劳动妇女，运用自己独特的才识，创造出来的女性专用文字，实在是中国人民伟大精神的表现，足以惊天地，泣鬼神。女书文献以及相关的文化，具有语言文字学、人类学、社会学、民俗学、历史学、文学等多学科价值；其社会功能，至今为现代文明所运用。

（季羡林，北京大学教授、博导，中国科学院哲学社会部学部委员，中国民协中国女书研究会顾问）

女书，是中国文化深山里的一朵野玫瑰，它长期躲避了世俗眼光，直到它即将萎谢的最后时刻，才被文化探险者发现。这个发现，带给学术界的不仅是一阵惊奇，而且是一系列有待深入研究的问题。

（周有光，国家语言文字工作委员会委员，中国社会科学院研究生院教授，《简明不列颠百科全书》中美联合编审委员会委员，中国民协中国女书研究会顾问）

从挽歌到交响

保存于中国湖南省南部江永县一带的"女书",是仅限于女性学习使用的特殊文字。"女书"已有相当久远的历史,文字以细密的线条组成,迄今曾直接传习的妇女已经极少,但有相当数量的珍贵文物传流下来。作为一种十分独特的文化现象,自二十世纪八十年代,女书得到中外学术界的重视。清华大学中文系赵丽明教授等学者进行了深入探索,对"女书"的性质和价值多有阐发。但是,"女书"的保存、研究和整理,仍然是有待继续努力的课题。我认为,"女书"完全有资格列入"世界记忆名录",为了保护"女书",特此推荐。

(李学勤,清华大学教授、博导,清华大学人文社会科学学院学术委员会主任,国际汉学研究所所长,国际欧亚科学院院士,美国东方学会荣誉会员,全国政协委员,国务院学位委员会历史评议组组长,国家文物鉴定委员会委员,"夏商周断代工程"专家组组长、首席科学家,中国史学会副会长,中国钱币学会副会长,中国民协中国女书研究会名誉会长)

中国妇女几千年来,在以男性为中心的社会里,没有政治、经济、文化等各种权利,特别是农村劳动妇女,更是被压在社会的最底层。而女书却是黑暗制度中一道亮丽的曙光,一方妇女的精神乐土。女书,很久以来在中国湖南江永县的农村妇女中使用流传。她们用自己发明的文字书写自己,述说自己的痛苦,并记载了发生在身边的历史事件,表达自己对不平等制度的呐喊,建构女性社群的精神生活。她们以独特的女书文化,坚强地承受生活的种种苦难。这是何等的勇气,何等的智慧,体现了强烈的自我意识和东方特有的女权意识。这是人类文明的一个奇迹。

(谭琳,中华全国妇女联合会妇女研究所研究员、博导、所长,中国民协中国女书研究会主任委员)

女书作为中国普通劳动妇女自己创造的一套运用自如的文字符号系统,是目前世界上绝无仅有的。不仅为语言学界提供了新材料,也提出重要的理论课题。

女书是如何创造的,如何用数百个女书字就能完整地记录一套汉语方言,女书和方块汉字是什么关系,女书的文字学定位等一系列问题,都值得我们去研究。女书具有重要的语言文字学价值。

(董琨,中国社会科学院教授、博导,中国社会科学院语言研究所常务副所长)

在进入后工业时代全球信息化社会,人们越来越关注人类自身生活方式的多元化。女书的倾诉、交流、共鸣、和谐具有人类生存的普遍意义,是一份人类共同的文化遗产。

从挽歌到交响

2004年4月中国女书研究会在京成立，中国民协党组书记白庚胜博士，清华大学校领导胡显章教授、李学勤教授剪彩。

第九簪

女书传人与出版社老师进行沟通。

从挽歌到交响

全国妇联妇女研究所所长谭琳教授、陶春芳老所长，北京大学高明教授、唐作藩教授，中国社科院语言所副所长董琨教授等出席中国女书研究会成立大会。

第九簪

女书的今天
——女书传人书法作品

从挽歌到交响

何静华创作作品《逝儿》（节选）

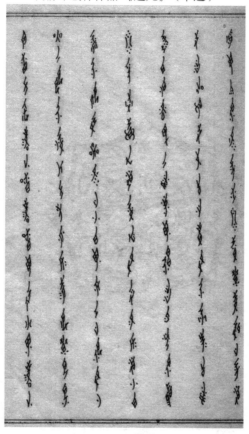

房中念想修书本	悲痛隐言做上书	我是蒲门何氏女	一世寒酸不显阳
一呗娇儿归寿早	二呗将身福薄了	冷想慈悲无安乐	口提伤心双泪流
气我小儿遭不幸	难星降上小儿身	夜间上床双飘哭	两眼不眠守天光
又气青龙隐萎尾	遇着天阴落下河	落进河中随水走	落下

（1940年出生的何静华在少女时代曾参与一些女书活动。1996年在广东打工的儿子突遭不幸，巨大的丧子悲痛激活了她的女书情结，于是创作了此篇。从此一发不可收。现为国家级非物质文化遗产传承人。）

第九簪

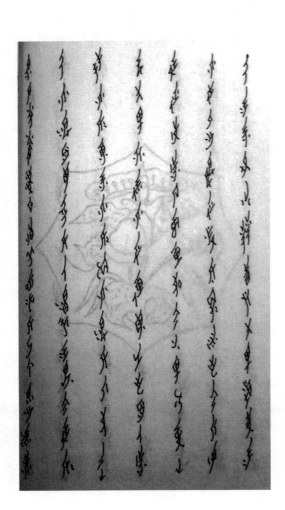

何静华（书写）。

从挽歌到交响

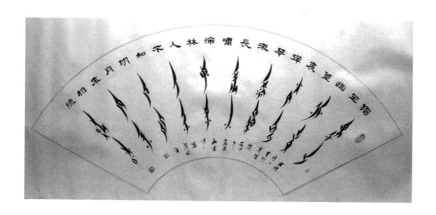

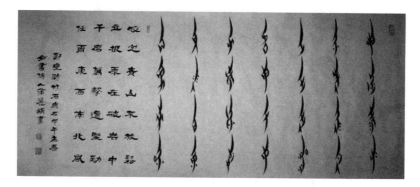

蒲丽娟（书写）。

花蹊君子女九簪

第九簪

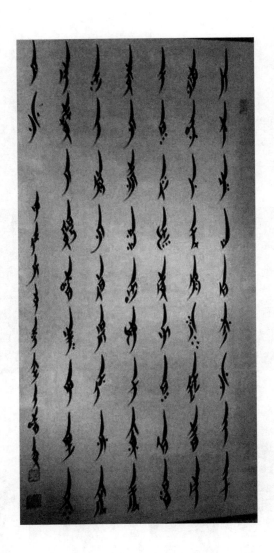

毛泽东诗词《九嶷山》 胡欣（书写）。

从挽歌到交响

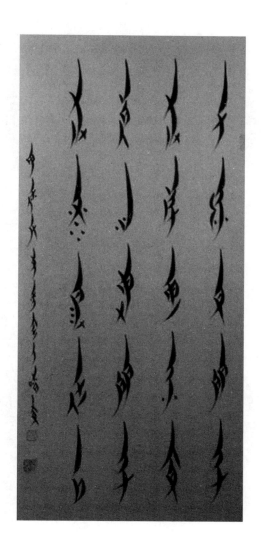

天行健 君子以自强不息 地势坤 君子以厚德载物 胡欣（书写）。

第九簪

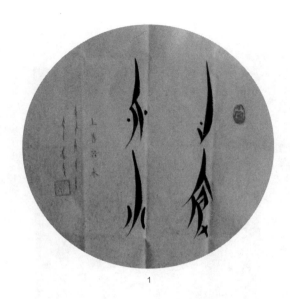

1

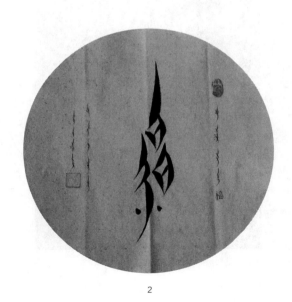

2

1. 上善若水　胡欣（书写）　2. 福　胡欣（书写）。

从挽歌到交响

胡美月书法作品(《三朝书》)

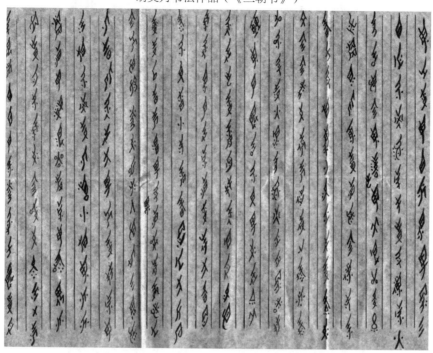

身坐楼中日夜想
恭贺龙门多闹热
叔娘交全¹金坨女
花轿如风到远府
你在他乡绣房住
小时共村陪好义
爷娘所生人四徕
弟郎小幼身也弱
尽样事情自把当

姊离三日心不安
高点明灯满堂红
姑侄遥遥送上轿
越看行开渐渐离
我呗泪流四面盖
没句乱言曰一声
三朵红花弟一名
高堂母亲得星数
日日起来云盖天

粗字两行到贵府
今将时来春天到

站住转身起眼望
想起在家同楼伴
从早到黑同相伴
你是大姊出乡住
家中隐菱也凄寒

看望连襟身落他
百树抛榴正是香

不见姊娘在那方
大侪陪齐不见焦
做过好针出四围
家中老幼不安然
可怜妹娘爷轻女

(胡美月为已故女书老人高银仙孙女,女书园教师)

1　交全:给儿女完婚。

第九簪

胡美月的书画作品。

从挽歌到交响

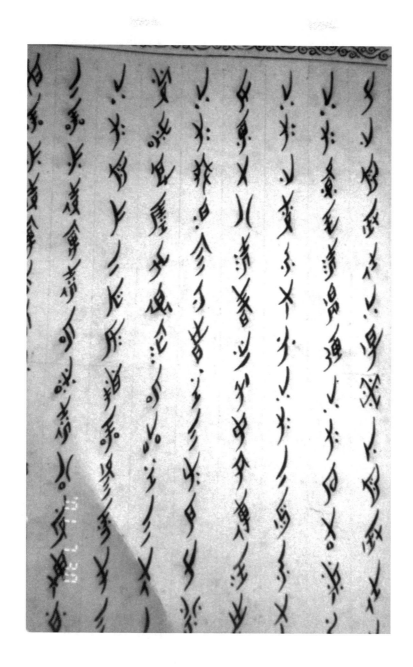

周硕沂的女书女书法作品。

第九簪

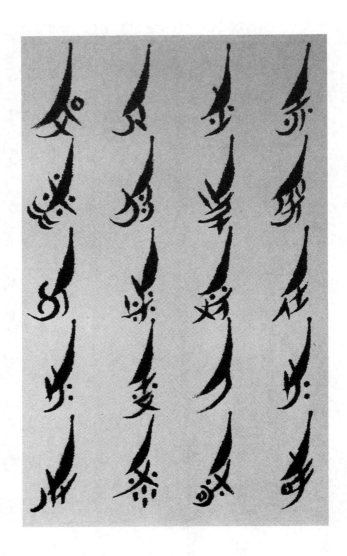

幽兰在山谷　　本自无人识
只为馨香重　　求者遍山隅

王澄溪的女书女书法作品。

从挽歌到交响

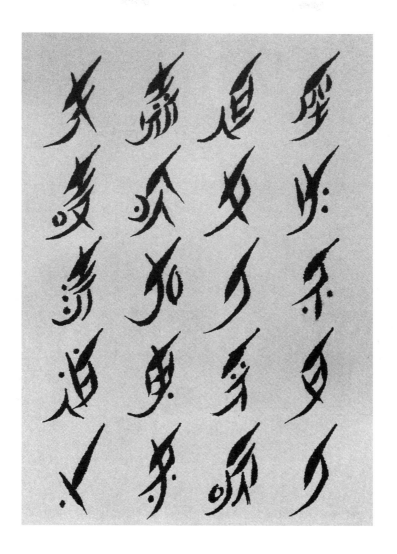

空山不见人　　但闻人语响
返景入深林　　复照青苔上

王澄溪的女书女书法作品。

花蹊君子女九簪

河南王一玲（女）的女书书法作品。

后记

附录一
Nüshu from tears to sunshine[1]

Nüshu is considered to be the world's only writing system that is created and used exclusively by women. Originating in China's Jiangyong county in the nineteenth century, it gave rise, over time, to a traditional female culture, which is endangered today. The country's local and national authorities are working to revive it.

Nüshu literally means "women's writing" in Chinese. Today it is the world's only script designed and used exclusively by women. It was developed among the rural women of the Xiao River valley, in the Jiangyong county of China's Hunan province, where there is a mixture of Han culture and Yao folkways. Nüshu characters are a rhomboid variant derived from square Chinese characters, adapted to the local dialect (Chengguan Tuhua). The characters are formed with dots and three kinds of strokes – horizontals, virgules and arcs. These elongated letters are written with very fine and thread-like lines. The earliest known artefact in the Nüshu script is a bronze coin discovered in Nanjing, the capital of Jiangsu province.

It was minted during the Taiping Heavenly Kingdom, a rebel kingdom in China from 1851 to 1864, which introduced important social reforms and adopted — to a certain extent — several policies regarding gender equality. The eight characters etched in Nüshu on the coin mean "all the women in the world are members of the same family". A culture of sunshine Nüshu was taught mainly by mothers to their daughters and practised for fun among sisters and friends. It was used by women in a feudal society who lacked access to education in reading and writing.

---

1 此文选自《信使》2018年1—3月刊。《信使》为联合国教科文组织官方刊物。

第九簪

He Jingua, writing the phrase "mysterious scripts through the ages" in Nüshu characters.

从挽歌到交响

This syllabic script was generally used for writing autobiographies, letters between sworn sisters, and sanzhaoshu – "third day missives" of good wishes, presented to a bride by her closest friends, three days after her wedding. It was also used to record folk songs, riddles and translations of ancient Chinese poems, and to compose songs for farm women that promoted morality – stressing the importance of helping their husbands and encouraging frugality in household management. All of these works are in poetry form – most are seven-character poems and a few have five characters. According to Zhao Liming, a professor at Tsinghua University in Beijing, Nüshu is not just a script – it represents a typical Chinese traditional female culture. It was like a ray of sunshine that made women's lives more pleasant. "It is a culture of sunshine," she says, "which allows women to speak up with their own voices and to fight against male chauvinism." As a Nüshu practitioner once said, "Men have their script, books and texts; they are men of honour. We have our own script, books and texts; we are women of honour." Zhao explains that it was customary for women to gather together to sew clothes and sing Nüshu songs. The Nüshu script can be found inscribed on paper and fans, and also embroidered on clothes, handkerchiefs and belts. "Each woman in Jiangyong county was responsible for writing a biography," she continues. "Those who didn't know how to write might have others write for them. Daughters would also write biographies for their mothers, after their deaths." Like a fragile plant, Nüshu withered when its writer died. When older women felt the end was near, they would often ask family members to place some of their writing in their coffins and to burn other pieces of their work. Thus, most of a woman's work was buried with her; her descendants were often left with only a few examples.

"The content of Nüshu works comes from women's everyday lives – marriage, family, social interactions, anecdotes, songs and riddles. These are rich in folk custom and are important for the study of linguistics, grammatology, archaeology, anthropology and other human and social sciences," explains Zhao, who has been studying Nüshu for thirty years.

第九簪

He Jingua, writing the phrase "mysterious scripts through the ages" in Nüshu characters.

从挽歌到交响

After several years of research, her team at the Tsinghua University collected and translated over ninety-five per cent of all existing original documents written in Nüshu, to produce the five-volume Chinese Nüshu Collection, published in 2005 — the most complete anthology of Nüshu works to date.

Before it, only one chapter of the book, A Ten-year History of Jiangyong, published in 1959, was dedicated to Nüshu. The first documentary evidence of this script is found in the 1933 Survey Notes on Counties of Hunan Province. "Women used their own script to tell stories, to comfort each other, to sing out sorrow and to express admiration. In the process, a paradise was built," says Zhao. "Tianguang (heavenly light) is a word that often occurs in Nüshu works."

Nüshu practitioners found comfort in this word, which could guide them through all their sorrows and difficulties to a better life. "None ever committed suicide, in fact, because Tianguang made them stronger and more optimistic. Through their tears, they never stopped seeking the light of the sun."

A script from tears "This script helped women in Jiangyong to dry their tears," says Tan Dun, renowned Chinese composer and conductor, and UNESCO Goodwill Ambassador. "When I hear their beautiful songs, I can see their tears." In 2008, he went back to Hunan, his home province, to research Nüshu culture. "At the gate of Shanggangtang village, there is an 800-year-old Song Dynasty bridge. Half of it has collapsed. It reminded me of Nüshu, which is also on the verge of extinction," he wrote in his travel diary.

Tan Dun promised himself he would help save this script, the characters of which look like "musical notes flying along on the wind". Some of them reminded him of the harp and the Chinese stringed pipa. The idea for a new symphony, Nüshu: The Secret Songs of Women, was born. Since 2013, the Philadelphia Orchestra (United States), the Royal Concertgebouw Orchestra (the Netherlands), and the NHK Symphony Orchestra (Japan) have coproduced performances of this Nüshu symphonic poem at several prestigious

第九簪

Cover and inside page of a sanzhaoshu or "third day letter" given to a newly married woman three days after her wedding.

从挽歌到交响

musical venues across the world. From a confidential women's culture, Nüshu is becoming a "global culture that belongs to the world," Tan Dun tells us. According to the composer, the success of his symphony "shows the world's respect for women's Utopia." The thirteen-movement modern symphony, which combines Eastern and Western musical forms, reflects different aspects of Nüshu culture — songs about dressing for the wedding ceremony, the daughter's separation from her mother on her wedding day, remembering fifty years of married life, longing for childhood friends, and so on. The central instrument is the harp, which, according to the composer, sounds like "a woman telling a story and crying". He has incorporated thirteen short videos, recorded during his journey home in 2008, into the production. It was the first time that someone filmed Nüshu traditional culture. In Shanggangtang, he met six women who can still write Nüshu and who have been designated by the county government as keepers of the Nüshu tradition. Thanks to them, this ancient culture can be passed on to new generations. "For me, the secret of immortality is the effort to preserve endangered cultural traditions and deliver them to the future," notes Tan Dun. Extinction and rebirth The death of centenarian Yang Huanyi on 20 September 2004 marked the start of the "post-Nüshu era". Yang was one of the most famous writers and holders of Nüshu culture.

THE UNESCO Courier (January-March 2018)

第九簪

Scene from a microfilm, "Dressing for the wedding", created by composer Tan Dun in 2008.

从挽歌到交响

附录二
女书：追逐阳光的"眼泪之书"
（中文翻译稿）

作者：陈晓蓉 《信使》2018年1—3月刊

  女书，是目前世界上唯一的一种女性专用文字，流传在中国湖南省江永县潇水流域。它是农家女的专用文字，可书写，可吟唱。女书作品全部是诗歌，大多为七言，少数为五言，主要用于书写自传、婚嫁三朝书、结拜姊妹书信来往、记录民歌谜语、写实叙事、翻译改写汉文古诗等。还有一些农事歌，讲道德规劝，孝顺父母。

  女书的主人说："男人有男字（汉字）、男书、男文，他们是君子（有教养的文人）；我们有女字、女书、女文，我们是君子女。"

  目前发现最早的"女书"实物，是十九世纪五十年代年代的一枚太平天国铜币（南京发现的太平天国的"雕母钱"，尚未铸成钱币，上面刻着"天下妇女、姊妹一家"）。最早文献记载为1933年的《湖南各县调查笔记》。1959年的《永明（江永）解放十年志》明确有"女书"专门章节。女书是"草本植物"，人死书亡。女书老人常常在去世前嘱咐家人，哪些放在棺材枕边，哪些烧掉。仅留给儿孙一两本留念，其余生前所有女书全部殉葬，带到阴间，由她们继续享用。因此能幸存传世的女书作品很少。

  女书是方块汉字的一种变异形态，文字的形体特点是长菱形斜体，只有点、竖、斜、弧四种笔画，秀丽纤细。清华大学师生把调查搜集到的二十

第九簪

世纪末为止的近千篇传世文献翻译整理出《中国女书合集》，对22万字的作品穷尽性统计，基本字只有390个左右，可以基本完整记录当地汉语方言。由于封建社会女性无法得到读书认字的机会，女书作为一种女性之间的书面交流方式，主要通过长辈传授晚辈，以及姐妹间群体自娱自乐，互相学习。除了日常用作书写在折扇和纸片以外，也可以当成女红花纹图案绣在衣服、手帕上或编织的花带上。

"眼泪之书"

著名作曲家、联合国教科文亲善大使谭盾，2008年回到自己的家乡湖南，亲自考察正在失传的女书文化及女歌音乐。在田野里采访、拍摄、收集、构思、酝酿音乐的创作和视听影像的结构。

"我第一次接触女书的时候就发现，它是一部女人的圣经。"谭盾说，"世界上的女人流的眼泪最多；但是江永的女人们，虽然生活艰辛，但是她们能够在劳作中，用一种特别的文字，相互慰藉，成为世界上最幸福的人。"

在历经五年的考察创作之后，谭盾终于将村子的故事写成了一部融合东西方音乐表现形式的大型交响曲——《女书：女性神秘之歌》。自2013年起，费城交响乐团、荷兰阿姆斯特丹音乐厅管弦乐团和日本NHK交响乐团纷纷参与合作，将女书文化展示在世界多个知名艺术殿堂。

这部十三乐章的交响曲又称作《微电影交响诗：女书》，结合微电影、竖琴独奏和交响乐，包括从新娘梳妆打扮时的穿戴歌，到母女依依不舍的哭嫁歌，从追忆半个世纪婚姻的泪书，到怀念儿时姐妹的思念歌等，也是

从挽歌到交响

第一次用声像的、数码科技的方式记录的女书音乐。舞台上方有银幕，播放乡村妇女的原唱音像，指挥带领乐队去追随、应和、互衬、交融。湘南女性沟壑纵横的面孔，泪流满面的表情，淳朴自然的吟唱，苍凉中浸着喜悦，嘈杂里透出孤独，形成一种特别的文化感染力。

整部作品由"竖琴"领衔。谭盾认为竖琴像桥，把过去和未来连接起来，是最女性化的乐器，作为整部交响乐的独奏乐器，竖琴的音色像一个历史的"女声"，在叙述，在哭泣……竖琴演奏家伊丽莎白·海侬，多次在演奏过程中，泪流满面。她和观众一起，体会女性的泪与笑、美丽与哀愁，原始的生命力。

谭盾说，他拍完这十三部微电影之后，他眼中的江、河、湖，都如泪海一般。而这些眼泪又如同每个民族的母亲河一样，承载着世世代代令人崇敬和魂牵梦绕的人类文化。女书是世界的文化，作品也是他向女性的乌托邦表示深深的敬意。

"阳光文化"

清华大学教授赵丽明是早期研究女书的学者之一，她潜心研究女书30余年。她主编的五卷本《中国女书合集》是目前有关女书研究最全的资料汇编，收集资料占目前所能见到的女书原始资料的95%以上。

她认为女书是一种汉字楷书的变体，是字符音节表音文字。女书之乡的民居是江浙、徽州的建筑风格；女书老人都是缠足的"三寸金莲"。女书的基本价值观是儒家文化。女书生存的上江墟乡（镇）位于江永县东北部，这里是三省（湖南、广东、广西）、三县（江永、道县、江华瑶族自治

县）交界的地理边区，是中原文化和南方文化交融的产物，是汉风瑶俗的混血儿。

女书作品内容都来源于她们的日常生活。内容主要是写婚姻家庭、社会交往、乡里逸闻、歌谣谜语等，富含独特而丰富的民俗，对语言学、文字学、历史学、考古学、人类学、妇女学、民俗学以及民族文化史和民间文学等多学科领域具有重要的研究价值。

她说："女书是中国传统女性文化一种，是一种阳光文化，使女人得到一种话语权，是一种文化抗争。" 妇女们平日相聚，一边做女红，一边唱诵。女书是一种说唱文学。如同西方"沙龙文化"的乡间庭院文化。她们自称"君子女"，是一种自尊。这里每位女人都写自传，自己不会写就请人写。去世了，她们的女儿也会为母亲写传记。她们用自己的文字倾述、慰藉，唱出悲苦，互相赞美，构建一个美丽多彩的精神乐园。

"天光"是女书作品中常常出现的一个词，在困难中向着"天光"，坚强乐观地面对生活。女书中没有自杀的。她们流着眼泪，用女书追逐阳光！

濒危与重生

自二十世纪末，仅存的几位女书老人相继离世。2004年9月20日，江永最后一个百岁女书自然传人阳焕宜逝世，这标志着女书进入了"后女书时代"。

女书的濒危与保护引起各级政府的高度重视。 2002年，女书被列入中国档案文献遗产名录；自2003年起，江永县开办女书学堂，培养传承人。

从挽歌到交响

2005年,女书以"全世界最具性别特征文字"被收入《世界吉尼斯记录大全》;2006年,女书习俗被列入第一批中国国家级非物质文化遗产名录。

2007年5月,当地政府在江永县的浦尾岛上,建立"江永女书生态博物馆"。这里四面潇水环绕,风景秀丽,民风淳朴,岛上的晋美村是不少著名女书自然传人的故居地,是女书流传的核心村落。

湖南江永县委常委、宣传部长杨诚说:"女书江永独特的县域文化,是当地妇女集体智慧的结晶,体现了当地妇女睿智、自尊、自强、创新的精神追求,是人类文化多样性百花园的一朵奇葩,保护传承好这一民族文化,需要当地群众的一种文化自觉。"截至目前,当地政府已经培养了7位女书传承人,会写,会创作。

2016年4月15日至23日,在联合国(日内瓦)第七届"联合国中文日·江永女书"展览活动日上,女书传承人胡欣、蒲丽娟向联合国日内瓦办事处总干事迈克尔·穆勒赠送了用"女书"书写的《世界人权宣言》;2016年4月,在美国纽约联合国总部举办的"第三届联合国中文日——女书习俗展"活动中,女书传人何静华、蒲丽娟再次向国际友人展示女书的神奇与魅力。

2017年5月13日,在"一带一路"国际高峰论坛的前一天,联合国教科文组织总干事博科娃从国务院副总理刘延东手中,接受了一件特殊的礼物——以女书书写的"文明交流互鉴"。

近年来,中国在加强语言立法、语言规划的同时,加强了语言文字信息化、标准化建设,并进行语言资源的调查与保护。2015年,启动了中国语言

资源保护工程，尝试以女书通行的区域——江永县为试点，将其建设成为中国第一批方言文化生态区。

女书是民间文字、方言文字，此前从未经过规范化，当下所见作品和女书传承人都各具书写风格，用字习惯也不完全相同，个性突出。为此，赵丽明教授主持的《女书国际编码》的研制工作，从22万字女书原始文献中穷尽性统计，运用字位理论，整理出使用频率最高的基本字，最终于2015年经国际ISO组织确认，通过了396个女书字，还有一个重复号，一共397个字符，首次实现了女书规范化。2017年3月，列入国际标准化字符集。这标志着女书有了科学基础上的规范传承。

目前，当地政府正组织女书研究专家学者、女书传承人编写通俗易懂、方便易学的乡土教材，系统介绍女书文化的历史背景、基础知识、价值意义、传承保护等内容，列入全县中小学生的选修课程，着力普及女书文化知识。

女书文化的抢救保护工作是一项复杂的，也是庞大的社会系统工程。随着文化空间和信息时代的发展，女书的生命也正在延续。在女书文化的众多喜爱者中，有的是倾慕这个语言的古朴的吟诵和秀美的书法；有的是挖掘商机并尝试开发相关文化创意产品；有的以此为契机，期待传播弘扬优秀的女性传统文化。

从挽歌到交响

后记

《传奇女书》是三十多年来对女书调查研究的浓缩，是在"一带一路"上开启的新篇章。它见证、记录着女书的濒危、女书的抢救、女书的重生。

在这本小册子中，我们读的是一部历史，读的是一支心曲，读的是一笔遗产。它将继续为今天的人们造福。它不仅属于江永、属于中国，更属于全人类，让我们共享。

谁说山里的农妇没见过世面，谁说女人登不得大雅之堂。农家女红在女书主人的笔下成了

"身坐南京位，

脚踩北京城，

手拿苏州斧，

两眼看长沙"

（谜底：织布。最后一代女书老人高银仙写）的大手笔。

这些"三寸金莲"有着

"高山拔松尾，

平地走江湖，

将军阻不倒，

皇帝奈不何"

（谜底：风。高银仙写）的大气魄！

"身似青藤干枯树，黑云底下过时光"的生活，在女书主人的笔下可以化作

"春游芳草地，

夏赏绿荷池，

秋饮黄花酒，

冬吟白雪诗"

（百岁女书老人阳焕宜写她最爱的古诗）的乐园。

她们有着

"白日依山尽，

黄河入海流。

欲穷千里目，

更上一层楼。"

（她们可用女书自如地书写唐诗）的大胸怀！

她们要考考大学堂的文化人：

"一人头上冲破天，

一女耕田耕半边，

八王问我田多少，

土上又种千里田。"

（谜底：夫妻义重）

从挽歌到交响

猜对了，这本女书就送给你。这是1986年，女书之乡一位八旬老奶奶对笔者所出的考题。她们追求最实在的理想，崇尚汉字的魅力。

新中国成立以后，女人可以上学读书，可以出来参加社会工作，可以和男人有平等的地位了！她们情不自禁地用女书写道：

　　谁说女人没用处　　从来女子半边天
　　因为封建不合理　　世世代代受熬煎
　　做官坐府没资格　　学堂之内无女人
　　封建女人缠小脚　　出门远路不能行
　　田地功夫不能做　　害人一世实非轻
　　再有一件更荒唐　　男女本是不平均
　　终身大事由父母　　自己夫权配婚姻
　　多少红颜薄命死　　多少终生血泪淋
　　女人过去受压迫　　世间并无疼惜人
　　只有女书做得好　　一二从头写分明
　　新华[1]女子读女书　　不为当官不为名
　　只为女人受尽苦　　要凭女书诉苦情
　　做出好多书纸扇　　章章句句血淋淋
　　好心之人拿起读　　没个不说真可怜
　　鬼神若能拿起读　　未必读了不泪流
　　草木若能拿起读　　未必读了不伤心
　　干戈若能拿起读　　扰得世上乱纷纷
　　只有打倒旧封建　　女人始得有生存
　　只有建立新中国　　女人始得翻得身

（二十世纪已故女书传人胡慈珠撰写留下的女书作品《女书之歌》）

1　新华：上江墟乡旧称。

第九簪

　　这些女书作品的字字句句中无不洋溢着她们的心里话。多么阳光！用女书主人自己的话，我们"蛾眉""好芳"，就是要"传四边"，是堂堂"君子女"！读到这样的诗篇，谁能不肃然起敬！向这方水土的女人，向中国的女性。

　　女书，女红，女歌，女友；倾诉，共鸣；是女书主人的一种生活方式。
　　女书是她们的乐土，更是人类普遍需求的精神家园。

　　十年前，江永县文化馆的干部找到我，要办"女书培训班"，需要教材。那套《中国女书合集》（五卷本）太重、太贵，搬不动、买不起。人们需要简明读本。这本《女书传奇》就是在这本教材的基础上补充完善而写成的。

　　当时我们正在研制《女书国际编码》。数十位清华学子，对近千篇共22万字的女书原始文献进行整理，用了不知多少课余周末、几个寒暑假的闲暇时光，在女书传人何艳新的帮助下，逐字逐句地翻译解读，一字一字地编排统计。先后整理出《中国女书合集》（五卷本)(中华书局，2005年版），《百岁女书老人作品集》（国际文化出版公司，2004年版），《女书用字比较》（知识产权出版社，2006年版）等，最后形成了《女书基本字与字源考》（女书的历史、现状与未来国际研讨会，2004年版）。原来女书基本字只有390个左右！而且基本都是汉字的变异与衍生，这本书解决了女书有多少字、女书的来源这两大尖端问题。有了科学统计出来的常用字、基本字，就有了规范，女书可以普及给更多的人学习与使用了。2016年，经过各国标准化机构投票通过，女书列入国际标准化字符集。

从挽歌到交响

因此这本书是《中国女书合集》《女书用字比较》《女书基本字与字源考》的后续成果,将三十年的学术研究成果大众化、普及化,也是规范化、标准化。

恰逢谭盾交响乐在全球奏响,恰逢女书产业如雨后春笋,各种女书大使,各种女书作坊、作院、作班丛生,急需女书规范化。

恰逢2016年女书国际编码通过,女书列入国际标准字符集。
恰逢"一带一路",女书再次作为国礼出现在国际舞台上。
女书这朵曾盛开在湘南江永深山里的玫瑰,飘香全国,洋溢世界。

女书的美丽惊艳了世人,女书的魅力吸引了世人。女书展现了东方女性的勇敢、坚强、智慧、阳光,伴随她的奇异与秀美,在濒危之后,重新在祖国的大花园里,向着世界绽放。

首先感谢女书老人,在她们离世前的最后几年,用生命让我们得以来得及抢救女书;感谢女书故乡后来的传承人继续书写女书;感谢李松、白庚胜、谭政、张爱国、曹小华、杨仁里、雷统夏、王忠等各级领导和乡亲们多年的支持与帮助;感谢季羡林、周有光、李学勤、张公瑾、白滨、史金波、唐作藩、高明、董琨、陶春芳、谭琳等学术界人士的支持;感谢清华大学领导贺美英、王凤生、胡显章、白永毅、王孙禺、张正权、徐葆耕、王中忱、赵立生等;感谢数届清华学子张文贺、杨桦、刘双琴、谢玄、王荣波、吴迪、赵

第九簪

璞嵩、陈卉、徐荣、岳岩、莫静清、王琛、武瑞星、夏津京等付出了无数寒暑假和节假日,和江永的周硕沂、何艳新一起整理编撰出了《中国女书集成》《中国女书合集》《女书用字比较》等,为整理女书付出的校园青春;感谢研究、关注、支持过女书的陈瑾、黄雪贞、李蓝、曹志耘、赵日新、陈虎、申玉彪、王莉宁、汪涵等学界朋友;感谢清华大学出版社胡苏薇、张立红和她的编辑团队;还要特别感谢陈楠的精心装潢设计、钱玉趾老先生一字一字精心呵护着这本书!还有王奕桦、马起园研制出的女书输入法,这是女书研究具有突破性的最新成果!

这是一本浓缩的小册子,她浓缩的是五大本,她浓缩的是三十年,她浓缩的是女书老人的生命,她浓缩的是关爱她的心血。浓缩后绽放的是新生、是希望,是江永、是中国富强的梦!

女书的保护与传承,还有很多事要做,不仅是热热闹闹的宣传、文创,还要踏踏实实地继续深入研究。正如季羡林先生说的,还有要拉开的"幕布"。

赵丽明

2017年10月于清华蓝旗营